Le culte de l'incompétence

Emile Faguet

© 2024, Émile Faguet (domaine public)
Édition : BoD · Books on Demand, 31 avenue Saint-Rémy, 57600 Forbach, bod@bod.fr
Impression : Libri Plureos GmbH, Friedensallee 273, 22763 Hamburg (Allemagne)
ISBN : 978-2-3225-5042-5
Dépôt légal : Décembre 2024

SOMMAIRE

PRINCIPES DES RÉGIMES
CONFUSION DES FONCTIONS
REFUGES DE LA COMPÉTENCE
LE LÉGISLATEUR COMPÉTENT
LES LOIS EN DÉMOCRATIE
INCOMPÉTENCE GOUVERNEMENTALE
INCOMPÉTENCE JUDICIAIRE
AUTRES INCOMPÉTENCES
MOEURS GÉNÉRALES
LES HABITUDES PROFESSIONNELLES
REMÈDES TENTÉS
LE RÊVE

I
PRINCIPES DES RÉGIMES

On s'est toujours demandé quel est le principe des différents gouvernements, chacun devant avoir le sien ; c'est-à-dire quelle est l'idée générale inspiratrice de chaque régime politique ?

Par exemple Montesquieu prouvait que le principe de la monarchie est l'honneur, que le principe du despotisme est la terreur et que le principe de la République est la vérité, c'est-à-dire le patriotisme, et il ajoutait avec beaucoup de raison, que les gouvernements déclinent et tombent par l'excès ou par l'abandon de leur principe.

Et cela est vrai, quoique paradoxal. On ne voit pas, au premier abord, comment le despotisme peut tomber pour ceci qu'il inspire trop de terreur, la monarchie tempérée pour ceci qu'elle développe trop le sentiment de l'honneur et la République pour ceci qu'elle a trop de vertu. C'est pourtant très vrai.

A abuser de la terreur on l'épuise ; et c'est le cas de citer le mot excellent d'Edgar Quinet : « Quand on veut faire de la terreur, il faut être sûr qu'on en pourra faire toujours. " — Il ne saurait y avoir trop d'honneur ; mais quand, faisant appel qu'à ce sentiment, on multiplie les dignités, les distinctions, les panaches, les galons, les honneurs, comme on ne peut pas les multiplier indéfiniment, on a contre soi et ceux qui n'en ont pas, et ceux qui, en ayant, ne trouvent jamais en avoir assez.

Et enfin, il est bien incontestable qu'on ne peut avoir trop de vertu, particulièrement trop de patriotisme, et c'est bien ici que les gouvernements tombent bien plutôt par l'abandon que par l'excès de leur principe. Cependant n'est-il pas vrai qu'à demander trop de dévouement au pays on finit par outrepasser les forces humaines et par lasser les vertus les plus prodigues d'elles-mêmes ?

C'est ce qui est arrivé à Napoléon, qui, peut-être sans absolument le vouloir, a trop demandé à la France pour l'édification de « la France plus grande ".

— Mais ce n'était pas une République !

— Au point de vue des sacrifices demandés au citoyen pour sa patrie, c'était une République analogue à la République romaine et à la République française de 1792 ; c'était : « tout pour la gloire du pays " ; c'était « de l'héroïsme encore, de l'héroïsme toujours ! " À trop demander à la vertu civique, on l'épuise.

Il est donc très vrai que les gouvernements ne se ruinent pas moins par l'excès de leur principe que par l'abandon de leur principe. Montesquieu avait sans doute puisé cette pensée générale dans Aristote qui dit, non sans humour : « Ceux qui s'imaginent avoir trouvé la base d'un gouvernement poussent les conséquences de ce principe à l'extrême : ils ignorent que si le nez, tout en s'écartant de la ligne droite, qui est la plus belle, pour devenir aquilin ou retroussé, conserve encore une partie de sa beauté, cependant si l'on poussait cette déviation à l'excès, on ôterait à cette partie de la personne la juste mesure qu'elle doit avoir, sans compter qu'en un certain cas on pourrait arriver à ce résultat qu'il n'y aurait plus de nez du tout. " Cette comparaison s'applique à tous les gouvernements.

Partant de ces idées générales, je me suis souvent demandé quel est le principe des démocrates pour ce qui est de leur gouvernement intérieur et il ne m'a pas fallu de très grands efforts pour apercevoir que c'est le culte de l'incompétence.

Considérez une maison de commerce ou d'industrie bien ordonnée et qui prospère. Chacun y fait ce qu'il a appris à faire et ce qu'il est le plus capable de faire bien ; l'ouvrier ici, le comptable là, l'administrateur plus loin, le préposé aux relations extérieures à sa place. Il ne viendrait pas à l'idée de dire au comptable d'aller faire une tournée de commis-voyageur et de le remplacer pendant ce temps-là, soit par le commis-voyageur lui-même, soit par un contremaître, soit par un mécanicien.

Considérez les animaux ; plus ils s'élèvent dans l'échelle des êtres organisés, plus la division du travail physiologique est grande et plus la spécialisation des organes est précise. Tel organe pense, tel organe agit, tel organe digère, tel organe respire, etc. Y a-t-il des animaux qui n'ont qu'un organe, ou plutôt qui ne sont qu'un seul organe respirant, appréhendant, digérant, le tout à la fois ? Oui bien. On cite l'amibe. Seulement, l'amibe est au plus bas degré de l'animalité et très inférieure même à un végétal.

De même, sans doute, une société bien faite est une société où chaque organe a sa fonction bien précise et c'est-à-dire où ceux qui ont appris à administrer administrent, où ceux qui ont appris la législation font les lois ou réparent celles qui sont faites, où ceux qui ont appris la jurisprudence jugent et où l'on ne confie pas les fonctions de facteur rural à un paralytique. La société doit procéder en prenant son modèle sur la nature. Or la nature procède chez les êtres bien faits par spécialisation des organes ; « elle ne procède pas mesquinement, dit Aristote, comme les couteliers de Delphes, dont les couteaux servent à plusieurs usages ; elle procède pièce par pièce et le plus parfait de ses instruments n'est pas celui qui sert à plusieurs travaux, mais à un seul. " — « A Carthage, dit-il encore, c'est un honneur de cumuler plusieurs emplois ; cependant, un homme ne fait très bien qu'une seule chose ; le législateur doit prévenir cet inconvénient et ne pas permettre au même individu de faire des souliers et de jouer de la flûte. " Une société bien faite est celle encore où l'on ne confie pas toutes les fonctions à tout le monde, où l'on ne dit pas à la masse elle-même, à tout le corps social : « Vous gouvernerez, vous administrerez, vous ferez les lois, etc. " Une société où les choses seraient ainsi, serait la société-amibe.

Une société est d'autant plus élevée dans l'échelle des sociétés humaines que le travail social y est plus divisé, que la spécialisation des organes y est plus précise, que les fonctions y sont plus exactement données en raison de la compétence.

Or les démocraties ont au moins une forte tendance à n'être pas de cet avis et à être de l'avis contraire. Il existait à Athènes un grand tribunal qui était composé d'hommes élevés à connaître les lois, qui les connaissaient et qui les appliquaient avec précision. Le peuple ne pouvait pas le souffrir et mit tout son effort prolongé à le détruire et à le remplacer par le peuple même. Le raisonnement était le suivant : « Je puis bien appliquer les lois, puisque je les fais ". La conclusion était juste. C'est la mineure qui était contestable. On pouvait répondre : « vous pouvez appliquer les lois puisque vous les faites, mais vous avez peut-être tort de les faire. " Tant y a qu'il se mit à les appliquer. Bien plus, il se fit payer pour cela. Il en résulta que ce furent les citoyens les plus pauvres qui jugèrent à cœur de journée, les autres ne voulant pas perdre leur jour tout entier pour six drachmes. Ce tribunal plébéien jugea très longtemps. Son arrêt le plus célèbre est la condamnation à mort de Socrate. Elle fut peut-être regrettée. Mais le principe était sauvé : la souveraineté de l'incompétence.

Les démocraties modernes semblent bien avoir le même principe. Elles sont essentiellement amibiennes. Une démocratie déjà célèbre a eu l'évolution suivante.

Elle commença par cette idée : un roi et le peuple, royauté démocratique, démocratie royale. Le peuple fait la loi, le roi exécute la loi ; le peuple légifère, le roi gouverne, même avec une certaine influence sur la loi, car il peut suspendre l'exécution d'une loi nouvelle qu'il jugerait de nature à l'empêcher de gouverner. Il y avait là encore une manière de spécialisation des fonctions. Ce n'était pas le même personnage, individuel ou collectif, qui légiférait et qui gouvernait.

Cela ne dura pas longtemps. Le roi fut supprimé. Resta la démocratie. Mais un certain respect de la compétence subsista. Le peuple, la masse, tout le monde ne s'attribua pas le droit de gouverner directement ni de légiférer directement.

Il ne s'attribua même pas le droit de nommer directement les législateurs. Il nommait les législateurs par élection à deux degrés ; il nommait des électeurs qui nommaient les légiférants, c'est-à-dire qu'il laissait au-dessus de lui deux aristocraties, celle des électeurs et, par-delà celle des électeurs, celle des élus. Il était bien loin de la démocratie athénienne faisant exactement tout elle-même, sur la Pnyx.

Ce n'était pas à dire qu'il eût précisément le souci de la compétence. Les électeurs qu'il nommait n'étaient désignés par aucune compétence comme habiles à nommer des législateurs ; les élus que nommaient les électeurs n'étaient désignés par aucune compétence pour être des légiférants. Mais cependant c'étaient là deux pseudo-compétences, deux compétences supposées. La foule, ou plutôt la constitution supposait que des législateurs nommés par des délégués de la foule étaient plus compétents pour faire des lois que la foule elle-même.

Cette compétence un peu bizarre est ce que j'appelle la compétence par collation. Rien ne m'indique que tel citoyen ait la moindre compétence législatrice, c'est-à-dire juridique, rien ; mais cette compétence je la lui confère par la confiance que j'ai en lui et que je manifeste que j'ai en lui en le nommant ; ou je la confie à des gens que je nomme pour le nommer et qui la lui conféreront en le nommant.

La compétence par collation n'a certainement pas le sens commun ; mais elle a pour elle quelques apparences et même *un peu plus* que des apparences.

Elle n'a pas le sens commun, puisqu'elle est une création *ex nihilo*, puisque c'est l'incompétent tirant de lui le compétent et zéro faisant sortir de soi un. La collation est assez légitime, encore que je ne l'aime nulle part, partant d'un corps compétent. À un savant qui n'est pas bachelier une université confère les grades de bachelier, de licencié et de docteur pour se l'adjoindre ; elle y est habile puisqu'elle est capable de savoir si c'est par la seule faute des circonstances que ce savant n'a aucun titre officiel. Mais que tous les non-bacheliers confèrent à quelqu'un le grade de docteur ès-sciences mathématiques, cela peut paraître paradoxal et du reste très humoristique. La compétence par collation des incompétents n'a certainement pas le sens commun.

Elle a cependant encore pour elle quelques apparences et un peu plus que des apparences. Remarquez que le grade de docteur ès-sciences littéraires, que le grade de docteur ès-sciences dramatiques sont conférés, sont donnés par collation par des incompétents, c'est-à-dire par le public. On peut dire au public : « Vous ne connaissez rien en choses littéraires, en choses, dramatiques ". Il répondra : « Je n'y connais rien du tout ; mais je suis ému et à qui m'émeut je confère le grade. " Il n'a pas tout le tort. De même le peuple confère le grade de docteur ès- sciences politiques à ceux qui l'émeuvent, à ceux qui expriment bien les passions qu'il a. Les docteurs ès-sciences politiques qu'il fait ce sont les représentants passionnés de ses passions.

— C'est-à-dire les pires des législateurs !

— À peu près, sans doute, mais non pas tout à fait. Il est très bon qu'au sommet des choses sociales, autour du sommet des choses sociales, pour mieux dire, il y ait des représentants des passions populaires, pour que l'on sache jusqu'où il est dangereux d'aller dans tel sens ou dans tel autre, pour que l'on sache, non pas ce que pense la foule, puisqu'elle ne pense rien, mais ce qu'elle *sent* , afin de ne pas la contrecarrer trop violemment, afin de ne pas lui trop obéir non plus, afin de savoir, en un mot, sur quoi on agit et avec quoi on peut agir. Un ingénieur dirait : « C'est la science de la résistance des matériaux. "

Un médium m'assure qu'il a conversé avec Louis XIV et que celui-ci lui a dit : « Le suffrage universel est une excellente chose en monarchie. Il est un renseignement. Il informe. Il indique, par ce qu'il prescrit, *ce qu'on ne doit pas faire* . Si je l'avais eu et si je l'avais consulté sur la Révocation de l'édit de Nantes il m'aurait, à une immense majorité, conseillé cette révocation et j'aurais su ce que j'avais à faire : je ne l'eusse pas faite. C'est parce qu'elle m'a été conseillée par des ministres que je jugeais politiques habiles que j'ai pris cette mesure. — *Mais aussi* , à connaître l'opinion générale de la France, j'aurais su qu'elle en avait assez des guerres, qu'elle en avait assez des bâtiments, qu'elle en avait assez des dépenses. Cela, ce n'est plus les passions ; c'est les souffrances. Pour ce qui est des passions, aller droit à contre-fil de l'opinion populaire, c'est l'indication et cette indication il est bon qu'elle soit donnée : suffrage universel. Pour ce qui est des cris de douleur, tenir compte et grand compte ; or, ce cri de douleur il faut qu'il ne soit pas étouffé : suffrage universel. Le suffrage universel est nécessaire à une monarchie à titre de renseignement. "

Ainsi pense Louis XIV maintenant, à ce qu'on m'assure.

La compétence par collation est donc une absurdité pour ce qui est de faire les lois ; elle est une pseudo-compétence pour ce qui est de renseigner sur l'état physiologique d'un peuple ; d'où il suivrait qu'elle est aussi mauvaise en république qu'elle serait salutaire en monarchie. Enfin elle n'est pas tout à fait mauvaise.

La démocratie dont nous parlons, après avoir été gouvernée par les délégués de ses délégués pendant dix ans, se soumit à un délégué unique pendant quinze ans et n'eut pas lieu finalement de s'en réjouir.

Alors, pendant trente ans, elle eut recours à un procédé compétentiel. Elle supposa que les électeurs chargés de nommer les législateurs ne devaient pas être nommés par elle, mais désignés par leur situation sociale et c'est à-dire par leur fortune. Seraient électeurs ceux qui possédaient tant de drachmes.

Quelle compétence est-ce là ? — C'en est une ; mais un peu étroite.

C'en est une, puisque, d'une part, celui qui a une certaine fortune a plus d'intérêt qu'un autre à la bonne gestion des affaires publiques et que l'intérêt ouvre les yeux et éclaire ; d'autre part, puisque celui qui a une certaine fortune et ne la perd pas n'est jamais tout à fait un imbécile.

Mais c'est une compétence très étroite ; car de ce qu'on a un certain nombre de drachmes ce n'est pas une raison pour qu'on se connaisse à la plus difficile des sciences, la législation et la politique ; et ce système se ramène à cet axiome très contestable : « Tout homme riche est sociologue. " C'était donc une manière de compétence, mais une compétence très mal établie et très étroite.

Ce régime disparut et la démocratie, dont nous parlons, après un court interrègne, se laissa gouverner pendant dix-huit ans, comme elle avait fait une première fois, par un délégué unique et n'eut pas lieu finalement de s'en féliciter.

Alors elle adopta et elle pratiqua le régime démocratique presque pur. Je dis le régime démocratique presque pur, parce que le régime démocratique pur est la nation se gouvernant elle-même directement, sans délégués, par le plébiscite continu. Notre démocratie pratiqua et pratique encore le régime démocratique presque pur, c'est-à-dire le régime de la nation se gouvernant par des délégués nommés directement par elle et, strictement et exclusivement, par ces délégués. Cette fois, c'est l'intronisation presque absolue de l'incompétence.

C'est la compétence par collation arbitraire. Comme cet évêque interpellant un cuissot de chevreuil disait : « Je te baptise carpe ", le peuple dit à ses élus : « Je vous baptise jurisconsultes, je vous baptise hommes d'Etat, je vous baptise sociologues. " On verra plus bas que le baptême s'étend beaucoup plus loin.

Si le peuple était capable de juger de la science juridique ou de la science psychologique de ceux qui se présentent à ses suffrages, cette collation, comme je l'ai dit déjà, ne serait pas *anti-compétentielle* et pourrait donner des résultats assez bons ; mais d'abord il n'en est pas capable ; et ensuite, en fût-il capable, rien ne serait gagné.

Rien ne serait gagné parce que ce n'est pas à ce point de vue qu'il se place. Jamais. Il se place au point de vue, non de la valeur scientifique d'un homme, mais au point de vue de sa valeur morale.

— C'est quelque chose et voilà une manière de compétence. Les législateurs ne seront pas capables de faire des lois, il est vrai ; mais, du moins ils seront d'honnêtes gens. Cette compétence morale me plaît assez.

— Prenez garde ; d'abord ce n'est pas au plus honnête homme qu'il faut donner la direction d'une gare de chemin de fer, mais à un honnête homme qui, de plus, connaisse très bien l'administration des voies ferrées ; et ce n'est pas seulement d'honnêtes intentions qu'il faut mettre dans les lois, mais encore des vérités juridiques, des vérités politiques et des vérités sociologiques.

Ensuite, si le peuple se place au point de vue de la morale pour apprécier ceux qui se présentent à ses suffrages, c'est d'une façon particulière. Il estime moralement ceux qui éprouvent ses passions principales et qui les expriment plus chaudement que les autres. Voilà pour lui les honnêtes gens et je ne dis pas qu'ils soient déshonnêtes, je dis qu'ils ne sont pas désignés sûrement, même comme honnêtes, par ce critérium.

— Au moins sont-ils probablement désintéressés, puisqu'ils suivent des passions générales et non les leurs propres, particulières, individuelles.

— Oui, c'est bien ce que le peuple croit ; mais il ne réfléchit pas à ceci qu'il n'y a rien de plus facile que de simuler des passions générales pour capter la confiance populaire et se faire une fortune politique. Si c'est au désintéressement que le peuple tient tant, il devrait ne nommer que ceux, au contraire, qui le contredisent et qui témoignent par là qu'ils ne tiennent nullement à être élus. Mieux, beaucoup mieux, il devrait ne nommer que ceux qui ne se présentent pas, puisque ne pas se présenter est le véritable signe du désintéressement. Or c'est ce qu'il ne fait jamais. Il ne fait jamais ce qu'il devrait faire toujours.

— Les corps qui se recrutent par cooptation, Académies et autres, ne le font pas non plus.

— Et, elles, elles ont raison, parce que ce n'est pas de désintéressement qu'il s'agit chez elles ; mais de valeur scientifique. Il n'y a pas de raison pour elles de préférer celui qui ne tient pas à en être à celui qui brûle d'en faire partie. C'est tout autre chose qu'elles ont à considérer. Mais le peuple, qui prétend se placer au point de vue moral, devrait écarter du pouvoir exactement tous ceux qui l'ambitionnent, tout au moins ceux qui l'ambitionnent avec une âpreté significative.

Et ceci nous indique bien ce que la foule entend par la valeur morale d'un homme. La valeur morale d'un homme consiste pour elle à éprouver ou à paraître éprouver les sentiments qu'elle éprouve elle-même ; et c'est bien pour cela que les élus de la multitude sont excellents comme pièces de renseignement, comme pièces d'information ; détestables ou au moins inutiles, et par conséquent détestables, comme législateurs.

Montesquieu, qui se trompe rarement, s'est bien trompé, à mon avis, quand il a dit : « Le peuple est admirable pour choisir ses magistrats. " C'est qu'il ne vivait pas en démocratie. Comment le peuple serait-il admirable à choisir ses magistrats et particulièrement ses législateurs, puisque Montesquieu lui-même, avec pleine raison cette fois, a pour un de ses principes que les mœurs doivent corriger le climat et les lois corriger les mœurs ; et puisque le peuple ne songe à choisir pour délégués que les hommes qui partagent le plus exactement ses manières de sentir ? Le peuple ne réagit pas mal, quoique incomplètement, contre le climat ; mais pour que les lois corrigeassent les mœurs, il faudrait que le peuple nommât des législateurs en réaction contre ses mœurs à lui et c'est ce qu'il serait bien singulier qu'il fît, et c'est ce qu'il ne fait jamais, et c'est le contraire qu'il fait toujours.

Donc, incompétence intellectuelle, incompétence morale même, voilà ce que, d'instinct, le peuple recherche dans ses choix.

Il y a plus, si plus il peut y avoir. Le peuple chérit l'incompétence, non seulement parce que de la compétence intellectuelle il n'est pas juge et parce qu'il apprécie la compétence morale à un point de vue qui est faux ; mais encore parce qu'il aime avant tout, ce qui est très naturel, que ses élus lui ressemblent. Il aime que ses élus lui ressemblent pour deux raisons :

D'abord par sentiment. Il aime, comme nous avons vu, que ses élus éprouvent ses sentiments, ses passions. Ces élus pourraient éprouver ses sentiments et passions sans lui ressembler pour ce qui est des mœurs, des habitudes, des manières, de l'extérieur, etc. Mais, naturellement, le peuple n'est jamais plus sûr qu'un homme éprouve ses sentiments et ses passions et ne se borne pas à feindre de les éprouver, que quand cet homme lui ressemble trait pour trait. C'est un signe et c'est une garantie. Le peuple est donc instinctivement poussé à élire des hommes qui ont les mêmes habitudes, les mêmes manières et la même instruction que lui, ou une instruction un peu supérieure, « pour qu'il puisse parler " ; mais supérieure seulement d'un demi-degré.

Il a une autre raison que cette raison sentimentale et qui est extrêmement importante ; car elle touche au fond même à l'essence même de l'esprit démocratique. Que veut le peuple quand une fois la tarentule démocratique l'a piqué ? Il veut d'abord que tous les hommes soient égaux et par conséquent il souhaite que toutes les inégalités disparaissent, tant artificielles que naturelles. Il ne veut pas des inégalités artificielles, noblesse de naissance, faveurs du roi, richesse de naissance et il est pour l'abolition de la noblesse, de la royauté et de l'héritage. Il n'aime pas non plus les inégalités naturelles, c'est-à-dire un homme plus intelligent, plus actif, plus vaillant, plus habile qu'un autre. Ces inégalités-ci, il ne peut pas les détruire, puisqu'elles sont naturelles, mais il peut les neutraliser, les frapper d'impuissance en écartant des emplois dont il dispose ceux qui les possèdent. Il est donc amené tout naturellement, forcément pour ainsi dire, à écarter les compétents précisément comme compétents, ou, si vous voulez et comme il dirait, non comme compétents, mais comme inégaux, ou, comme il dirait encore, s'il voulait s'excuser, non comme inégaux, mais comme suspects, parce qu'ils sont inégaux, d'être antiégalitaires ; et tout cela revient bien précisément au même. C'est ce qui faisait dire à Aristote que là où il y a mépris du mérite, c'est la démocratie. Il ne s'exprime pas formellement ainsi ; mais il écrit : « Partout où le mérite n'est pas estimé avant tout le reste, il n'est pas possible d'avoir une constitution aristocratique solide ", ce qui revient à dire : là où le mérite n'est pas estimé, on entre en régime démocratique et l'on y reste.

La compétence est encore à ce point de vue en mauvaise posture.

Enfin et surtout la démocratie, et cela encore est bien naturel, *veut tout faire elle-même* , est l'ennemie de la spécialisation des fonctions, particulièrement voudrait gouverner elle-même, sans délégués, sans intermédiaires ; son idéal est le gouvernement direct tel qu'il existait à Athènes, son idéal est « la démocratie " pour employer la terminologie de Rousseau qui appelait ainsi le gouvernement direct et seulement le gouvernement direct.

Forcée, par les circonstances historiques et peut-être par la nécessité de gouverner par des délégués, que lui reste-t-il à faire pour gouverner directement, ou à peu près, quoique gouvernant par délégués ?

Il lui reste d'abord, peut-être, à imposer à ses délégués des mandats impératifs. Les délégués, dans ces conditions ne sont plus que les commissionnaires du peuple ; ils vont, dans le corps législatif, déposer les volontés du peuple, telles qu'ils les ont reçues et le peuple, en réalité, gouverne directement. Voilà le mandat impératif.

La démocratie y a très souvent songé, jamais avec persistance. C'est en cela qu'elle montre beaucoup de bon sens. Elle soupçonne bien que le mandat impératif n'est jamais qu'un leurre. Des représentants du peuple se réunissent ; ils discutent ; l'intérêt des partis se dessine. Dès lors, ils sont en proie à la déesse Opportunité, en grec καιρός. Ce qu'ils ont reçu mission de voter, le voter, en effet, est, tel jour, ce qu'ils pourraient faire de plus défavorable à l'intérêt de leur parti. Ils sont véritablement forcés d'être infidèles par fidélité et d'être dévoués en désobéissant ; et, tout au moins, d'avoir trahi leur mandat dans cette très bonne et louable intention, c'est toujours ce dont ils pourront se faire gloire, honneur ou excuse devant leurs électeurs et c'est sur quoi il sera très difficile de les réfuter.

Le mandat impératif est donc un instrument très grossier pour des besognes très délicates. La démocratie, instinctivement, sent très bien cela et elle se montre toujours assez indifférente, en somme, au mandat impératif.

Que lui reste-t-il donc ? Mais quelque chose de bien plus riche, la proie au lieu de l'ombre. Nommer des hommes qui lui ressemblent tellement bien, qui ont tellement bien tous ses sentiments, qui sont tellement elle-même, qu'ils feront surement, instinctivement, quasi mécaniquement, ce qu'elle-même ferait si elle formait elle-même un immense corps législatif ; qui voteront sans doute, selon les circonstances, mais qui voteront comme elle voterait directement. De cette façon, elle est législative ; elle fait la loi et c'est la seule façon qu'elle ait de faire la loi.

La démocratie a donc le plus grand intérêt à élire des représentants qui la représentent ; qui, d'une part, lui ressemblent le plus exactement que possible ; qui, d'autre part, n'aient pas de personnalité ; qui enfin, n'ayant point de fortune, n'aient point d'indépendance.

On déplore que la démocratie s'abandonne aux politiciens. Mais, au point de vue où elle se place et où il serait bien singulier qu'elle ne se plaçât point, elle a absolument raison. Qu'est-ce qu'un politicien ? C'est un homme nul pour ce qui est des idées personnelles, médiocre comme instruction, partageant les sentiments généraux et les passions générales de la foule, et enfin qui n'a pas d'autre métier que de s'occuper de politique et qui, si la carrière politique lui manque, meurt de faim.

C'est précisément tout ce qu'il faut à la démocratie.

Il ne sera pas amené par son instruction à se faire des idées personnelles; n'ayant pas d'idées personnelles, ses idées n'entreront pas en conflit avec ses passions ; ses passions seront, d'abord initialement, ensuite par influence de ses intérêts, celles de la foule elle-même; et enfin sa pauvreté et l'impossibilité où il est de vivre d'autre chose que de politique feront qu'il ne sortira jamais du cercle étroit où ses mandants l'auront enfermé ; son mandat impératif sera la nécessité matérielle où il est d'obéir ; son mandat impératif, c'est son indigence.

La démocratie a donc besoin de politiciens, n'a pas besoin d'autre chose que de politiciens et a besoin qu'il n'y ait pas aux affaires d'autres gens que les politiciens.

Son ennemi ou tout au moins l'homme dont elle se défie parce que c'est lui qui va gouverner et non elle sous son nom, c'est l'homme qui, soit par influence de fortune, soit par le prestige de son talent et de sa notoriété, réussit à se faire nommer quelque part. Celui-ci ne dépend pas d'elle. Supposez qu'un corps législatif soit tout entier composé ou soit composé en majorité d'hommes riches, d'hommes supérieurs intellectuellement et d'hommes ayant plus d'intérêt à exercer leur métier, où ils réussissent, qu'à faire de la politique ; tous ces gens-là votent selon leurs idées, légifèrent selon leurs idées, et alors, quoi ? alors la démocratie est simplement supprimée. Ce n'est pas elle qui légifère et qui gouverne ; c'est, très exactement, une aristocratie, une aristocratie un peu flottante peut-être, mais une aristocratie, éliminant l'influence du peuple sur les affaires publiques.

On voit bien qu'il est presque impossible à la démocratie, si elle veut être, de tenir compte des compétences et qu'il lui est à peu près impossible de ne pas les écarter.

Le peuple, donc, ne nomme que des représentants exacts de lui-même et toujours dépendants de lui-même.

II
CONFUSION DES FONCTIONS

Dès lors que se passe-t-il ? Il se passe ceci, qui est très logique, qui même est très juste si l'on se place au point de vue démocratique, qui est précisément ce que la démocratie désire et ne peut que désirer, que la représentation nationale fait exactement ce que le peuple voudrait faire et ce qu'il ferait si l'on avait le gouvernement direct. *Elle veut tout faire par elle-même*, comme le peuple voudrait tout faire par lui-même s'il possédait le gouvernement direct, comme il faisait tout par lui-même dans la Pnyx d'Athènes.

Montesquieu a bien vu cela, pleinement, sauf comment cela se pratique en régime de représentation, en régime parlementaire ; mais les choses sont les mêmes au fond et il n'y aura pour l'interpréter qu'une transposition à faire : « Le principe de la démocratie se corrompt, non seulement lorsqu'on perd l'esprit d'égalité, mais encore *quand on prend l'esprit d'égalité extrême et que chacun veut être égal à ceux qu'il choisit pour lui commander*. Pour lors, le peuple ne pouvant souffrir le pouvoir qu'il confie, *veut tout faire par lui-même*, délibérer pour le Sénat, exécuter pour les magistrats et dépouiller tous les juges. Le peuple veut faire les fonctions des magistrats : on ne les respecte donc plus. Les délibérations du Sénat n'ont plus de poids ; on n'a donc plus d'égards pour les sénateurs... "

Transposez. En gouvernement démocratique parlementaire la représentation du peuple veut tout faire par elle-même. Elle veut être l'égale de ceux qu'elle choisit pour lui commander ; elle ne peut souffrir le pouvoir même qu'elle confie ; elle veut gouverner à la place du gouvernement, exécuter à la place des agents du pouvoir exécutif, substituer son autorité à celle de tous les juges ; faire fonction de magistrats, n'avoir plus d'égards pour personne et ne respecter plus rien.

C'est l'esprit même du peuple qui l'inspire, du peuple qui veut tout faire par lui-même, c'est-à-dire par elle fidèle et obéissante.

Dès lors la compétence est pourchassée partout et éliminée de partout. De même que le peuple l'a éliminée de son choix quand il nommait ses représentants, de même la représentation nationale l'élimine avec patience et avec suite de toutes les fonctions du corps social, quelles qu'elles soient.

Le gouvernement, pour commencer par lui, doit être surveillé et conseillé par la représentation nationale, mais indépendant de la représentation nationale, tout au moins ne doit pas être confondu avec elle, en d'autres termes la représentation nationale ne doit pas gouverner. En régime démocratique c'est précisément ce qu'elle veut faire. Elle nomme le gouvernement, ce qui à la rigueur peut lui être accordé ; mais, « ne pouvant souffrir le pouvoir qu'elle confie ", dès qu'elle l'a nommé elle pèse sur lui pour gouverner continuellement à sa place. Le corps législatif n'est pas un corps qui fait les lois, mais un corps qui, par une série ininterrompue d'interpellations, *dicte* au jour le jour au gouvernement ce qu'il doit faire, c'est-à-dire gouverne.

Littéralement le pays est gouverné par la Chambre des députés. *Il le faut bien* , pour que le peuple ne soit gouverné que par lui-même, ce qui est l'esprit du régime. Il le faut bien, pour qu'il n'y ait pas d'autre volonté que celle du peuple, partie de lui et revenant à lui sous forme d'actes exécutifs, ce qui est l'esprit du régime. Il le faut bien, pour qu'il n'y ait pas *quelque chose* , même issu du peuple, qui pour un temps, qui même un instant, fasse fonction de souveraineté, même en un domaine très étroitement délimité, sur le peuple souverain.

Seulement gouverner est un art et suppose une science et voilà le peuple gouverné par gens n'ayant ni science, ni art, et qu'on a choisis précisément parce qu'ils n'en avaient pas et sur cette garantie qu'ils n'en avaient point.

Et si, dans une démocratie de ce genre, il existe, par un effet de la tradition ou par quelque nécessité ressortissant aux relations extérieures, un pouvoir indépendant pour un certain nombre d'années du corps législatif et qui n'a pas de comptes à lui rendre et qui ne peut pas être interpellé et qui ne peut pas être renversé constitutionnellement, ce pouvoir est une anomalie si étrange et pour ainsi dire si monstrueuse, qu'il n'ose pas s'exercer, qu'il craint le scandale qu'il soulèverait en s'exerçant et qu'il est comme paralysé par la terreur de paraître exister.

Et il a raison ; car s'il s'exerçait, s'il s'en donnait même l'apparence, il y aurait un acte de volonté qui ne serait pas un acte de la volonté populaire, ce qui est contraire à l'esprit du régime. En ce régime le chef de l'Etat ne peut être que le chef nominal de l'Etat. Une volonté de lui serait un abus de pouvoir, une idée de lui serait un empiétement, une parole de lui serait un acte de lèse-souveraineté.

Même, si la constitution lui a donné formellement des pouvoirs, la constitution sur ces points est lettre morte, parce qu'elle violait une constitution non écrite et supérieure, l'âme même de l'institution politique.

Un de ces chefs d'Etat *ad honores* a dit : « Pendant toute ma présidence, je me suis tu constitutionnellement. " C'était faux ; car la constitution lui permettait de parler et même d'agir. Au fond c'était vrai ; car la constitution, en lui permettant d'agir et de parler, avait un caractère inconstitutionnel. En parlant il eût été constitutionnel, en se taisant il était *institutionnel* , il avait été silencieux *institutionnellement* . Il avait contrarié la lettre de la constitution ; il en avait admirablement démêlé, compris et respecté l'esprit.

Donc, en démocratie, la représentation nationale gouverne aussi directement que possible et réellement, dictant le gouvernement au pouvoir exécutif, neutralisant le chef suprême du pouvoir exécutif à qui elle ne peut rien dicter.

Il ne lui suffit pas de gouverner, elle veut administrer. Songez en effet que si les administrateurs des finances, de la justice, de la police, etc., ne dépendaient que de leurs ministres, les ministres, précisément parce qu'ils dépendent du corps législatif et sont souvent renversés par lui, changeant très souvent, les administrateurs, plus stables que leurs chefs, formeraient une aristocratie ; ils administreraient l'Etat indépendamment de la volonté populaire et selon leurs principes, leurs règles, leurs traditions et leurs idées.

Cela ne se peut pas. Il ne se peut pas qu'il y ait une autre volonté que la volonté populaire, un autre pouvoir, même très limité, que le sien.

Ceci fait une antinomie assez remarquable. Effets contraires de la même cause. Parce que le corps législatif gouverne les ministres, elle les renverse souvent ; parce qu'elle les renverse souvent, ils ne gouvernent pas leurs subordonnés comme un Colbert et un Louvois et leurs subordonnés sont assez indépendants ; de sorte que l'autorité que le corps législatif se donne sur les ministres, il la perd du côté des administrateurs ; et, en détruisant un pouvoir rival du sien, il crée un pouvoir rival du sien.

Mais il résout l'antinomie assez facilement. Il n'admet pas qu'un administrateur soit nommé sans recevoir son visa, et il s'arrange même de manière à nommer les administrateurs. D'une part, de sa résidence corporative, de son palais législatif et dictatorial, il surveille attentivement les nominations d'administrateurs ; d'autre part, chaque membre du corps législatif dans sa province, dans son département, dans son arrondissement, impose les nominations d'administrateurs, a ses candidats qu'il fait accepter, nomme réellement les administrateurs. Il le faut pour que la volonté nationale règne là aussi et que le peuple n'ait pour l'administrer que les administrateurs qu'il choisit selon son esprit, pour qu'il « nomme ses magistrats ", comme dit Montesquieu.

Il les nomme en effet par l'intermédiaire de ses représentants ; et jugez, pour y revenir, s'il faut qu'il nomme bien des représentants exactement pareils à lui et modelés sur son esprit. Tout se rejoint.

Voilà donc le peuple qui tout au moins intervient puissamment dans les nominations de ses administrateurs. Il continue de « faire tout par lui-même ". On se plaint couramment de l'immixtion de la politique dans l'administration et du reste en toutes choses, de «la politique qui se mêle à tout, qu'on retrouve partout ". Mais qu'est-ce au fond ? C'est le principe de la souveraineté nationale. La « politique ", la force politique, c'est la volonté de la majorité de la nation. La volonté de la majorité de la nation, ne convient-il pas qu'elle s'exerce, peut-on s'étonner qu'elle veuille s'exercer, aussi bien sur l'administration et dans l'administration que partout ailleurs ? L'idéal démocratique c'est le peuple nommant tous ses chefs ; ou, si ce n'est pas l'idéal démocratique, c'est bien l'idée démocratique. C'est ce que le peuple fait, en démocratie encore parlementaire, par l'intermédiaire de ses représentants.

Voilà qui est bien ; seulement la compétence reçoit là encore un coup. Car ce candidat à une fonction administrative que le peuple choisit par l'intermédiaire de ses mandataires, par quoi plaira-t-il ? Par son mérite ? Ses chefs et ses pairs en seraient bons juges ; le peuple ou son représentant, non, ou beaucoup moins.

« Le peuple est admirable pour choisir ceux à qui il doit confier quelque partie de son autorité ", dit Montesquieu. C'est le moment d'examiner cela d'un peu près. Quelles sont les raisons du philosophe ? « Il n'a à se déterminer que par des choses qu'il ne peut ignorer et qui tombent, pour ainsi dire, sous les sens. Il sait très bien qu'un homme a été souvent à la guerre, qu'il y a eu tels ou tels succès : il est donc très capable d'élire un général. Il sait qu'un juge est assidu, que beaucoup de gens se retirent de son tribunal contents de lui, qu'on ne l'a pas convaincu de corruption : en voici assez pour qu'il élise un préteur. Il a été frappé de la magnificence ou des richesses d'un citoyen : cela suffit pour qu'il choisisse un édile. Toutes ces choses sont des faits dont il s'instruit mieux dans la place publique qu'un monarque dans son palais. "

Le passage ne me paraît pas heureux. Comment un monarque dans son palais ne connaîtrait-il pas la richesse d'un financier, la réputation d'intégrité d'un juge et les succès d'un colonel aussi bien que le peuple dans la place publique ? Ce ne sont pas choses très difficiles à savoir. Le peuple sait qu'un tel fut toujours bon juge et qu'un tel fut un excellent officier. Donc il peut nommer un préteur et un général. Soit ; mais, pour nommer un jeune juge et un officier débutant, quelles seront les lumières du peuple ? Je ne les démêle pas très bien. Par son raisonnement même, Montesquieu limite l'habileté du peuple à ne nommer que les grands chefs, que les très hauts magistrats, et, en définitive, à assigner à chacun une carrière quand il l'aura achevée " Mais pour l'y mettre, sur quels renseignements le peuple s'appuiera-t-il et où puisera-t-il son information ? Montesquieu le montre très capable de reconnaître les compétences vérifiées, mais non point capable de connaître les compétences naissantes. L'argumentation de Montesquieu est ici peu probante.

Ce qui l'y a entraîné, c'est l'antithèse (au sens logique du mot). Ce qu'il voulait prouver c'était moins la vérité de la proposition qu'il avance ici que la fausseté d'une autre proposition. La question pour lui, la question qu'il avait dans l'esprit était celle-ci : Le peuple est-il apte à gouverner l'État, à prévoir, à suivre et à résoudre les affaires intérieures ou extérieures ? Non. L'est-il à nommer ses magistrats ? Plutôt. Entraîné par cette antithèse il a été jusqu'à dire : Apte à gouverner : nullement ; apte à nommer ses magistrats : admirablement. L'explication de tout le paragraphe que je viens de citer est dans sa conclusion : « Toutes ces choses sont des faits où il s'instruit mieux dans la place publique qu'un monarque dans son palais. Mais saura-t-il conduire une affaire, connaître les lieux, les occasions, les moments, en profiter ? Non, il ne le saura pas. "

La vérité est que le peuple est un peu plus apte à choisir un magistrat qu'à abaisser progressivement la maison d'Autriche ; mais non pas beaucoup plus ; car il est presque également difficile d'abaisser la maison d'Autriche et de distinguer l'homme qui l'abaissera.

Il est surtout incapable de donner les postes de début d'une carrière et les premiers avancements dans une carrière à qui les mérite. Cependant, en démocratie c'est ce qu'il fait.

Or ce candidat fonctionnaire qui a plu au peuple ou aux représentants du peuple, par quoi plaît-il ? Par son mérite dont le peuple et son représentant sont très mauvais juges, non. Par quoi donc ? Par sa conformité aux opinions générales du peuple, c'est-à-dire par ses opinions politiques. Les opinions politiques d'un candidat fonctionnaire sont la seule chose qui le désigne au choix populaire parce que c'est la seule chose dont le peuple soit bon juge.

— Mais la conformité aux opinions générales du peuple peut s'unir chez ce candidat à un vrai mérite. — Certainement ; mais c'est un hasard. Le peuple, ici du moins, n'est pas un ennemi de la compétence, mais il y est indifférent ou plutôt il y est étranger. La compétence n'a pas à se louer de cette position.

D'autant plus que ceci a lieu inévitablement : le candidat fonctionnaire qui ne se sent aucun mérite n'a aucune peine à comprendre que c'est par ses opinions politiques qu'il arrivera et il se donne celles qu'il faut. Le candidat fonctionnaire qui se sent du mérite, lui-même, très souvent, sachant très bien ce que fait le candidat sans mérite et ne voulant pas être vaincu, se donne lui aussi les opinions utiles. C'est la « solidarité du mal " dont parle si bien M. Renouvier dans la *Science de la Morale*. De sorte que la plupart des candidats choisis par les mandataires du peuple sont des incapables ; et quelques-uns qui sont choisis, quoique ayant du mérite, sont médiocres comme caractère. Or le caractère aussi, dans la plupart des carrières, dans presque toutes, est une partie de la compétence.

Reste un tout petit nombre d'hommes de mérite qui n'ont affiché aucune opinion utile et qui se sont glissés dans une carrière administrative grâce à quelque moment d'inattention des politiciens. Ces intrus vont quelquefois assez loin comme par la force des choses, sans jamais parvenir aux premiers postes, toujours réservés, comme il est légitime, à ceux en qui le peuple a mis sa confiance.

Voilà comment le peuple administre par l'intermédiaire de sa représentation, de même qu'il gouverne par l'intermédiaire de sa représentation dictant aux ministres leurs actes de gouvernement.

— Mais je ne vois pas que le peuple administre, je vois qu'il nomme les administrateurs.

— D'abord c'est immense de les nommer ; car c'est faire entrer dans le corps administratif l'esprit du peuple à l'exclusion de tout autre esprit et empêcher que l'administration ne devienne une aristocratie, ce qu'elle n'a, toujours, que trop de tendances à devenir. De plus le peuple ne se borne pas, par l'intermédiaire de ses représentants, à nommer les administrateurs ; il les surveille, il les guette, il les tient du regard et il les tient en laisse, et comme la représentation populaire dicte aux ministres les actes de gouvernement, de même et en outre elle dicte aux administrateurs leurs actes d'administration.

Un préfet, un procureur général, un ingénieur en chef, en régime démocratique, est un homme très écartelé. Il fait la chouette avec son ministre et les députés de sa région. Il doit obéir à son ministre ; il doit obéir aussi aux députés du pays qu'il administre. Il arrive même ici des choses assez curieuses ; il y a des situations très compliquées. Le préfet devant obéir aux députés et à son ministre et le ministre obéissant aux députés, il semblerait que ce fût à la même volonté, à une volonté unique que le préfet obéît. Mais c'est à la volonté générale de la représentation populaire que le ministre obéit et c'est cette volonté générale qu'il transmet à son préfet ; et d'autre part le préfet se trouve en présence de volontés particulières des députés du pays qu'il administre. Il en résulte ce que l'on pourrait appeler des conflits d'obéissance qui sont très intéressants pour le psychologue. Ils sont moins agréables pour le préfet, l'ingénieur en chef ou le procureur général.

Remarquez, d'autre part, comme tout concourt à rendre le représentant de la volonté nationale aussi incompétent qu'il est omnipotent. Incompétent il l'est, comme nous l'avons vu, par ses origines ; mais *ne le fût-il pas* , il le deviendrait par le métier qu'on lui fait faire, par la multiplicité des métiers qu'on lui fait faire. Le meilleur moyen de rendre quelqu'un incompétent, c'est de l'occuper à toutes choses. Or le représentant de la volonté populaire et de l'esprit populaire, outre son métier de législateur, est occupé à interpeller les ministres et à leur dicter leurs actes de gouvernement, c'est-à-dire qu'il est occupé à gouverner la politique intérieure et extérieure ; il est occupé à administrer en choisissant les administrateurs et en surveillant, contrôlant et inspirant les actes des administrateurs. Sans parler des petits services particuliers qu'il est de son intérêt de rendre à ses électeurs et que ses électeurs ne se font pas faute ni scrupule de lui demandera, il est exactement préposé à tout. Il est quelque chose comme le contremaître universel. Cet homme-orchestre est si occupé qu'il ne peut s'appliquer à rien. Il ne peut rien étudier, rien méditer, rien approfondir, et pour ainsi parler, et du reste pour parler exactement, rien savoir.

Fût-il compétent en quelque chose au moment de son entrée en fonctions, il est admirablement incompétent en toutes choses après quelques années de fonctionnement. Dès lors, vidé, pour ainsi parler, de toute personnalité, il n'a plus en lui que l'homme public, c'est-à-dire l'homme représentant la volonté populaire et ne songeant et ne pouvant songer exclusivement qu'à la faire prévaloir.

Et, encore un coup, c'est ce qu'il faut ; car voyez-vous un représentant de la volonté populaire ayant conservé assez de compétence en administration des finances ou en administration judiciaire pour préférer, entre quelques candidats, celui qui aurait, non les meilleures opinions politiques, mais le mérite, le savoir ou la vocation, et pour approuver, d'un administrateur, non l'acte à tendances politiques, mais l'acte juste et conforme aux intérêts de l'Etat ? Il serait un serviteur détestable de la démocratie.

Je l'ai bien connu. Il ne manquait pas d'intelligence, ni même d'esprit et il était droit. Avocat de troisième ordre, il avait naturellement versé dans la politique. Pour des raisons locales il n'avait réussi ni à se faire nommer député, ni à se faire nommer sénateur. De guerre lasse, par le crédit de ses amis politiques, il se fit pourvoir d'une charge de judicature. Devenu président de tribunal, il eut à connaître d'un procès où l'accusé, sans être bien recommandable, ne tombait évidemment sous aucun article du Code. Mais cet accusé, ancien préfet d'un gouvernement maintenant détesté, connu comme réactionnaire et aristocrate, était poursuivi de l'animosité de toute la population démocratique de la ville et de la province. Le président de tribunal, au milieu des rumeurs hostiles qui grondaient dans tout le palais, acquitta net le prévenu. Il disait le soir, assez humoristiquement : « Voilà ! Cela leur apprendra à ne pas m'avoir nommé sénateur ! " Et c'est-à-dire : « Ils m'auraient ôté toute ma compétence, ou ils auraient paralysé en moi toute ma compétence, en faisant de moi un homme politique. Ils ne l'ont pas voulu ; reste l'homme qui connaît la loi et qui l'applique. Tant pis pour eux ! "

« En faisant d'un homme un esclave Zeus lui ôte la moitié de son Ame " disait Homère. En faisant d'un homme un homme politique, Démos enlève à un homme son âme tout entière ; en n'en faisant pas un homme politique il commet la faute de la lui laisser.

Voilà bien pourquoi Démos déteste les fonctions inamovibles. Un magistrat inamovible, un fonctionnaire inamovible est un homme que la constitution soustrait à la prise populaire. Un magistrat inamovible, un fonctionnaire inamovible est un affranchi. Démos n'aime pas les affranchis.

C'est pour cela que, s'il y a, dans la nation où il règne, des fonctions inamovibles, il suspend, de temps en temps, l'inamovibilité. C'est d'abord pour « épurer " le personnel de ces fonctions ; c'est surtout pour bien convaincre les fonctionnaires qu'il veut bien y laisser, que leur inamovibilité n'est que très relative et qu'ils doivent compter, comme tous les autres, avec la souveraineté populaire qui peut se retourner contre eux s'ils s'avisent d'être indépendants au-delà des limites de l'obéissance.

Il y avait en France, d'après la constitution de 1873, des sénateurs inamovibles. Au point de vue de la bonne administration des affaires, c'était peut-être assez bien vu. Les sénateurs inamovibles devaient être, dans la pensée de la constitution et étaient en effet des vétérans de la politique et de l'administration, faisant profiter leurs collègues de leurs lumières, de leur compétence, de leur expérience. Il eût même été bon, si l'on se place à ce point de vue, que les sénateurs inamovibles ne fussent point élus par leurs collègues, mais fussent sénateurs de droit, devenant sénateur inamovible tout ancien président de la République, tout ancien président de la Cour de cassation, tout ancien président de la Cour d'appel, tout amiral, tout archevêque, etc. Mais au point de vue démocratique c'était une monstruosité qu'un homme représentant du peuple et n'ayant aucun compte à rendre au peuple, qu'un homme représentant du peuple et n'ayant à craindre aucun accident de réélection ni aucun risque de non-réélection, qu'un homme enfin placé là pour sa prétendue compétence et ne représentant point du tout le peuple et ne représentant que lui-même.

Les sénateurs inamovibles furent abolis. Il est bien certain qu'ils constituaient une aristocratie politique fondée sur la prétendue importance des services rendus et que le Sénat lui-même qui les élisait tombait sous l'inculpation d'aristocratisme et prenait, le jour où il les élisait, couleur aristocratique, puisqu'il était, ce jour-là, un corps se recrutant par cooptation. Cela ne pouvait guère se souffrir.

III
REFUGES DE LA COMPÉTENCE

La compétence ainsi éliminée de toutes les fonctions publiques nationales se réfugiera-t-elle quelque part ? Oui bien ; dans les métiers privés, et dans les métiers que rémunèrent les associations. Un avocat, un avoué, un médecin, un industriel, un commerçant, un écrivain, n'est pas rémunéré par l'État ; un ingénieur, un mécanicien, un homme d'équipe des compagnies de chemins de fer n'est pas rémunéré par l'Etat ; et les uns et les autres, loin que leur compétence leur soit un obstacle ou puisse leur en être un, n'ont précisément à compter que sur elle. Il est bien évident que ce n'est pas au point de vue des opinions politiques que se placera le plaideur pour faire plaider sa cause ni le malade pour se faire soigner ; bien évident aussi qu'une compagnie de chemins de fer, pour prendre un ingénieur, ne s'occupera aucunement de la conformité de son esprit à la mentalité générale du peuple, mais uniquement de son intelligence et de son savoir.

C'est pour cela, du moins c'est en partie pour cela, que la démocratie cherche à nationaliser toutes les fonctions et du reste à nationaliser tout. Elle cherche à nationaliser toutes les fonctions. Par exemple elle nationalisera partiellement le médecin en créant des fonctions de médecin d'hospice, de médecin d'école, de médecin de lycée, etc. Elle nationalisera partiellement l'avocat, comme professeur de droit rémunéré par l'Etat, etc.

Elle tient du reste quelque peu déjà tous ces gens-là par ceci qu'il n'y en a guère qui n'aient des parents fonctionnaires et qu'ils doivent, pour ne pas nuire à ceux-ci, ne point prendre d'attitude hostile aux opinions de la majorité des citoyens ; mais elle cherche à les tenir encore davantage en multipliant les occasions et les moyens de les nationaliser et socialiser.

Enfin elle tend à détruire les grandes associations et à absorber leurs œuvres. Racheter les chemins de fer d'une grande compagnie, par exemple, c'est d'abord les exploiter, de quoi on espère toujours que l'État retirera un bénéfice : c'est surtout supprimer toute une population de fonctionnaires et employés de cette compagnie qui n'étaient pas forcés de plaire à l'État, au gouvernement, à la majorité des citoyens, qui n'avaient pas d'autre souci et d'autre devoir que d'être bons fonctionnaires ; et la remplacer, même les individus restant les mêmes, par une population de fonctionnaires de l'Etat tenus avant tout d'être dociles et bien-pensants.

À l'état extrême et à l'état complet de ce régime, c'est-à-dire en régime socialiste, il n'y aurait que des fonctionnaires.

— Et par conséquent, disent les théoriciens socialistes, tous les prétendus inconvénients que vous signalez seraient évités. L'Etat, la démocratie, le parti dominant, comme vous voudrez l'appeler, n'aurait pas à choisir ses fonctionnaires en raison, comme vous dites qu'il le fait, de leur docilité et de leur incompétence, puisque tous les citoyens seraient fonctionnaires. Et disparaîtrait ainsi cette dualité sociale qui consiste en ce qu'une population vit de l'Etat, tandis qu'une autre vit par elle-même et se targue d'être bien supérieure à l'autre, pour les raisons que vous avez déduites, en caractère, en intelligence et en *compétence*. La solution est là.

— Je doute que la solution soit là, parce qu'en régime socialiste le régime électoral subsiste et par conséquent les partis subsistent. Les citoyens nomment les législateurs, les législateurs nomment le gouvernement, le gouvernement nomme les chefs du travail et les répartiteurs des subsistances. Les partis subsistent, c'est-à-dire des groupements d'intérêt, chaque groupement voulant avoir pour soi les législateurs et le gouvernement pour qu'on tire de lui les chefs du travail et les répartiteurs des subsistances, aristocrates de ce régime-ci, et pour qu'aux membres de ce groupement les chefs de travail et les répartiteurs des subsistances fassent le travail plus doux et la provende plus large.

Sauf que la richesse a été supprimée et que ce qui pouvait rester de liberté a été supprimé, rien n'est changé, et tous les inconvénients que j'ai énumérés plus haut subsistent. La solution n'est pas trouvée.

Pour qu'elle le fût, il faudrait que le gouvernement socialiste ne fût pas électif ; il faudrait qu'il fût de droit divin, comme était celui des Jésuites au Paraguay ; il faudrait qu'il fût despotique, non seulement dans son action, mais dans son origine ; il faudrait qu'il fût la royauté. Un roi intelligent n'a aucun intérêt à choisir ses fonctionnaires parmi les incompétents et son intérêt est même de faire exactement le contraire. On me dira qu'il est extrêmement rare et qu'il est anormal qu'un roi soit intelligent, ce que je ne me ferai pas prier pour reconnaître. Le roi, sauf exception très rare et que l'histoire enregistre avec stupéfaction, a exactement les mêmes raisons que le peuple d'avoir des favoris qui ne l'éclipsent pas et qui ne le contrarient pas et par conséquent qui ne soient les meilleurs parmi les citoyens ni comme intelligence ni comme caractère. Le régime socialiste électif et le régime socialiste dictatorial offrent donc les mêmes inconvénients que la démocratie telle que nous la connaissons.

Au fond, du reste, le glissement, si je puis ainsi parler, de la démocratie vers le socialisme n'est pas autre chose qu'une régression vers le despotisme. Si le régime socialiste s'établissait, il serait électif d'abord ; et tout régime électif supposant, comportant et nécessitant des partis, ce serait le parti dominant qui élirait les législateurs, qui par conséquent constituerait le gouvernement et qui de ce gouvernement tirerait, parce qu'il les exigerait, toutes les faveurs. Exploitation du pays par la majorité, comme en tout pays à gouvernement électif.

Mais le gouvernement socialiste étant surtout une oligarchie de chefs du travail et de distributeurs des subsistances et une oligarchie très dure, n'ayant sous elle que des êtres sans défense, égaux dans l'indigence et nivelés dans la misère ; étant du reste une oligarchie difficile à remplacer, tant l'administration extrêmement compliquée qu'elle aurait en mains exigerait qu'elle restât en place sans variation brusque ; étant donc une oligarchie inamovible ; se concentrerait très vite autour d'un chef et supprimerait ou mettrait au second plan et au second rang la représentation nationale et ses électeurs.

Ce serait quelque chose d'analogue au premier Empire en France. Sous le premier Empire la caste des guerriers prédomine, domine, éclipse et écrase tout, parce qu'on a d'elle un besoin constant, que du reste elle fait renaître quand il cesse ; et elle se serre autour d'un chef qui lui donne l'unité et la force d'unité.

En régime socialiste — plus lentement, au bout d'une génération — les chefs du travail et les distributeurs des subsistances, janissaires pacifiques, formeraient une caste, très liée, très cohérente, très contractée, dont on ne pourrait pas se passer, tandis qu'on peut toujours se passer de législateurs, un Conseil d'Etat suffisant ; et se serreraient autour d'un chef qui leur donnerait l'unité et la force d'unité.

Quand on ne connaissait pas le socialisme, on disait toujours que la démocratie tendait naturellement au despotisme. Cela a paru changer et il a semblé qu'elle tendait au socialisme. Rien n'a changé ; car en tendant au socialisme, c'est au despotisme qu'elle tend. Elle n'en a pas conscience ; car, consciemment, elle ne tend qu'à l'égalité ; mais de l'état égalitaire c'est toujours le despotisme qui sort.

Ceci est un peu digressif étant une considération sur l'avenir. Revenons.

IV
LE LÉGISLATEUR COMPÉTENT

La démocratie, telle qu'elle existe de nos jours empiète donc sur le pouvoir exécutif, l'asservit et l'absorbe, empiète sur le pouvoir administratif, l'asservit et l'absorbe, le tout par l'intermédiaire de ses représentants, les législateurs, qu'elle choisit à son image et c'est-à-dire qu'elle choisit incompétents et passionnés, puisque aussi bien, comme dit Montesquieu, se contredisant peut-être quelque peu : « le peuple n'agit jamais que par passion. "

Or que devraient être les législateurs ? Tout le contraire, ce me semble, des législateurs tels que les fait la démocratie. Le législateur idéal devrait être très informé et tout à fait dénué de passions.

Il devrait être très informé, non pas tant de ce qui est dans les livres, — quoique encore il dut avoir des connaissances juridiques assez étendues, pour ne pas faire, ce qui arrive à chaque instant, exactement le contraire de ce qu'il veut faire — que du tempérament et de l'esprit général du peuple pour lequel il fait des lois.

Car il ne faut commander à un peuple que ce qu'il peut supporter de commandement et de prescriptions, et le mot de Solon est admirable : « Je leur ai donné les meilleures des lois qu'ils peuvent souffrir " ; et le mot du Dieu des Juifs est vénérable : « Je vous ai donné des préceptes qui ne sont pas bons " ; c'est-à-dire qui n'ont que la bonté que votre méchanceté peut admettre, « ce qui est l'éponge, dit Montesquieu, de toutes les difficultés qu'on peut faire sur les lois de Moïse. "

Le législateur doit donc connaître le tempérament et l'esprit du peuple puisqu'il fait des lois ; il doit être expert en psychologie des peuples, comme disent les Allemands. Et notez qu'il doit connaître le tempérament, le caractère et l'esprit général de son peuple, sans avoir ce tempérament, ce caractère et cet esprit ; car en matière de passions, d'inclinations et de tendances, éprouver n'est pas connaître et au contraire éprouver est ne pas connaître et connaître a pour condition ne pas éprouver.

Le législateur idéal, ou simplement suffisant, doit donc connaître les inclinations générales de son peuple et les dépasser et les dominer, puisqu'il a pour mission en partie de les satisfaire, en partie de les combattre.

En partie de les satisfaire ou au moins de les ménager, puisqu'une loi qui contrarierait absolument le tempérament d'un peuple serait la jument de Roland, aurait toutes les qualités du monde avec l'unique défaut d'être morte et même morte-née. Donnez aux Romains une loi de droit des gens, une loi prescrivant le respect des peuples vaincus, elle ne sera jamais exécutée et, de plus elle habituera, par une sorte de contagion, à ne pas exécuter les autres. Donnez aux Français une loi libérale, une loi prescrivant de respecter les droits individuels de l'homme et du citoyen, la liberté étant pour les Français, comme dit le baron Joannès, « le droit de faire ce qu'on veut et d'empêcher les autres de faire ce qu'ils veulent ", cette loi ne sera jamais que médiocrement et péniblement exécutée et habituera à ne pas exécuter les autres.

Le législateur devra donc connaître les inclinations de son peuple pour savoir la limite où il devra s'arrêter en les contrariant.

En partie de les combattre ; car la loi dans une nation — ou elle n'est qu'un règlement de police — doit être ce qu'est la loi morale dans l'individu ; elle doit être une contrainte prolongée en vue d'un résultat salutaire ; elle doit être un frein aux passions funestes, aux velléités nuisibles et aux caprices dangereux ; elle doit combattre le moi ; pour beaucoup mieux dire, elle doit être le moi rationnel combattant le moi passionnel. C'est ce que Montesquieu veut faire entendre quand il dit que les mœurs doivent combattre le climat et les lois combattre les mœurs.

La loi doit donc combattre dans une certaine mesure les inclinations générales de la nation. Elle doit être sa règle, un peu aimée, parce qu'on la sent bonne ; un peu crainte, parce qu'on la sent dure ; un peu odieuse, parce qu'on la sent relativement hostile ; respectée, parce qu'on la sent nécessaire.

C'est cette loi-là que doit faire le législateur et par conséquent il doit être extrêmement fin connaisseur de toute l'âme du peuple pour lequel il fait des lois, aussi bien des parties de cette âme qui résisteraient que des parties de cette âme qui peuvent accepter et aussi bien de ce qu'il peut faire accepter sans résistance que de ce qu'il ne peut hasarder sans risquer d'être impuissant.

Voilà la compétence principale et essentielle qu'il doit avoir.

D'autre part, il doit être sans passion. La « *modération* ", cette vertu si vantée par Cicéron et qui est en effet une rare vertu si on prend le mot dans son sens complet et si on entend par cela *l'équilibre de l'âme et de l'esprit*, doit être le fond même du législateur : « Je le dis, affirme Montesquieu, *et il me semble que je n'ai fait cet ouvrage que pour le prouver*, l'esprit de modération doit être celui du législateur ; le bien politique, comme le bien moral se trouvant toujours entre deux limites. "

Rien n'est difficile à l'homme comme de se défendre contre les passions et par conséquent au législateur comme de se défendre contre les passions du peuple dont il est, sans compter les siennes propres : « Aristote, dit Montesquieu, voulait satisfaire tantôt sa jalousie contre Platon, tantôt sa passion pour Alexandre ; Platon était indigné contre la tyrannie du peuple d'Athènes ; Machiavel était plein de son idole, le duc de Valentinois. Thomas More, qui parlait plutôt de ce qu'il avait lu que de ce qu'il avait pensé, voulait gouverner tous les Etats avec la simplification d'une ville grecque. Harrington ne voyait que la République d'Angleterre, pendant qu'une foule d'écrivains trouvaient le désordre partout où ils ne voyaient pas de couronne. Les lois *rencontrent* toujours les passions et les préjugés du législateur [soit siens, soit communs à lui et à son peuple]. Quelquefois elles *passent au travers* et s'y teignent ; quelquefois elles y *restent* et s'y *incorporent*. "

Et c'est précisément ce qu'il ne faudrait point. Il faudrait que le législateur fût dans le peuple comme la conscience dans le cœur de l'homme, connaissant toutes ses passions, connaissant toute leur étendue, connaissant toute leur portée, ne se laissant pas tromper par leurs prestiges et leurs hypocrisies et leurs déguisements; tantôt les combattant de front, tantôt les combattant les unes par les autres, tantôt favorisant un peu l'une aux dépens d'une autre plus redoutable, tantôt cédant du terrain, tantôt en regagnant ; toujours adroit, toujours habile, toujours modéré ; mais ne se laissant, par ses ennemies naturelles, ni entamer, ni intimider, ni amuser, ni circonvenir, ni conduire.

Il faudrait même, pour ainsi parler, qu'il fût plus consciencieux que la conscience, puisque la loi qu'il fait il ne peut pas tout à fait oublier que, s'il la fait pour les autres, il la fait aussi pour lui et qu'à ce qu'il décrète aujourd'hui il va obéir demain — *semel jussit semper paruit*. — Il doit donc être exactement, littéralement désintéressé, ce qui lui est plus difficile qu'à la conscience qui n'a aucune peine à se donner pour cela.

Il doit, non seulement être sans passion, mais se dépouiller de ses passions, qui plus est. Il doit être, figurons-nous cela par hypothèse, une passion qui deviendrait la conscience. Comme dit Jean-Jacques Rousseau :

« Pour découvrir les meilleures règles de Société qui conviennent aux nations, il faudrait une intelligence supérieure qui vît toutes les passions des hommes et qui n'en éprouvât aucune ; qui n'eût aucun rapport avec notre nature et qui la connût à fond, dont le bonheur fût indépendant de nous et qui pourtant voulût s'occuper du nôtre ; enfin qui, dans le progrès des temps se ménageant une gloire éloignée, pût travailler dans un siècle et jouir dans un autre. "

C'est pour cela que l'ingénieuse Grèce a supposé que certains législateurs, après avoir fait adopter leurs lois à leur peuple et après avoir fait jurer à leurs concitoyens d'observer leurs lois jusqu'à ce qu'ils revinssent, se sont exilés et confinés au loin dans une retraite inconnue. C'était peut-être pour enchaîner leurs concitoyens par le serment ainsi prêté ; mais n'était-ce point pour ne pas obéir aux lois qu'ils avaient faites ; ou plutôt, faisant leurs lois, ne s'étaient-ils pas donné toute liberté de les faire rigoureuses, en se promettant de se dérober par la fuite à la nécessité de leur obéir ?

Proudhon disait : « Je rêve une république si libérale que j'y fusse guillotiné comme réactionnaire. " Lycurgue fut peut-être un Proudhon qui fondait une république si sévère qu'il savait qu'il n'y pourrait pas vivre, mais qui faisait le ferme propos de la quitter du jour où elle serait faite. Solon et Sylla sont restés dans l'Etat auquel ils avaient donné des lois. Il faut les mettre au-dessus de Lycurgue qui a quitté le sien, l'excuse de Lycurgue étant, du reste, que, très probablement, il n'a pas existé.

Il reste cette légende qui signifie que le législateur doit être tellement au-dessus de ses passions, comme des passions de son peuple que, comme législateur, il fasse des lois devant lesquelles comme homme, il soit, d'une manière ou d'une autre, très intimidé.

Cette modération, au sens que nous avons restitué à ce mot, inspire du reste quelquefois au législateur, comme nous l'avons indiqué, la pensée d'insinuer la loi plutôt que de l'imposer, ce qui n'est pas toujours possible ; mais ce qui l'est assez souvent. Montesquieu rapporte ceci de Saint Louis, roi : « Voyant les abus de la jurisprudence de son temps, il chercha à en dégoûter les peuples. Il fit plusieurs règlements pour les tribunaux de ses domaines et pour ceux de ses barons, et il eut un tel succès que, très peu de temps après sa mort, sa manière de juger était pratiquée dans un grand nombre de cours des seigneurs. Ainsi ce prince remplit son objet, quoique ses règlements n'eussent pas été faits pour être une loi générale du royaume, mais comme un exemple que chacun pourrait suivre et aurait intérêt à suivre. Il ôta le mal en faisant sentir le meilleur. Quand on vit dans ses tribunaux, quand on vit dans ceux de quelques seigneurs une manière de procéder plus naturelle, plus raisonnable, plus conforme à la morale, à la religion, à la tranquillité publique, à la sûreté de la personne et des biens, on la prit et on abandonna l'ombre. *Inviter quand il ne faut pas contraindre, conduire quand il ne faut pas commander, c'est l'habileté suprême.* "

Et Montesquieu ajoute avec, assurément, un peu d'optimisme, mais enfin c'est encourageant : « La raison a un empire naturel : on lui résiste ; mais dans cette résistance elle trouve son triomphe ; encore un peu de temps et l'on sera forcé de revenir à elle. "

Cet exemple est bien lointain et s'applique peu à quoique ce soit de nos jours. Cependant considérez la loi, renouvelée du droit ecclésiastique, sur le repos du dimanche. La mettre dans le

Code a été une faute, parce qu'elle contrariait un trop grand nombre d'habitudes françaises et en quelque sorte la complexion nationale elle-même ; et l'on s'exposait à ce qui est arrivé, à savoir : à ce qu'elle fut très peu exécutée et avec des difficultés infinies. On pouvait l'édicter sans la mettre dans le Code. Que l'État accorde la liberté du dimanche à tous ses fonctionnaires, à tous ses employés, à tous ses ouvriers; qu'il soit entendu, ce qui pouvait l'être par l'effet d'une simple circulaire du ministre de la Justice, que les infidélités des ouvriers au contrat de travail consistant en refus de travailler le dimanche ne seront jamais punies ; la loi du repos hebdomadaire existe sans être promulguée, existe par insinuation et persuasion et s'arrête dans ses effets là où elle doit s'arrêter, aux cas où la nécessité de travailler le dimanche est tellement évidente aux yeux des ouvriers, comme à ceux des patrons, que les uns et les autres s'y soumettent comme à la force des choses ; et, en deçà, elle a assez de force pour modifier, sans les bouleverser, les habitudes séculaires de la nation.

Voyez encore tel cas où dans la loi même, dans la loi inscrite au Code, le législateur procède par insinuation ou recommandation. Le législateur du commencement du XIXe siècle avait dans l'esprit qu'il était dans les bienséances que le mari surprenant sa femme en flagrant délit d'adultère la tuât et aussi son complice. Cette idée peut être discutée ; mais enfin elle était celle du législateur. En a-t-il fait une prescription légale ? Non ; il l'a inscrite dans la loi sous forme d'insinuation, de recommandation discrète, d'encouragement affectueux ; il a écrit ces mots : « en cas de flagrant délit le meurtre est excusable. " Ce n'est pas ce texte que j'approuve ; c'est cette manière d'indiquer la loi sans l'imposer, d'indiquer ce qu'on juge d'une bonne pratique sans l'ordonner que j'estime possible, puisqu'on en voit des cas, et puisque, dans d'autres cas que celui-ci, je la trouverais excellente.

Enfin une des qualités essentielles du législateur est la prudence à changer les lois existantes et c'est cette prudence essentielle qui exige le plus de lui qu'il soit exempt de passions ou qu'il soit maître de celles qu'il a. La loi en effet n'a d'autorité réelle que quand elle est ancienne ; ou plutôt il y a deux cas : où la loi n'est qu'une coutume passée en loi et alors elle a une très grande autorité dès sa naissance, parce qu'elle bénéficie de toute l'ancienneté de la coutume d'où elle est sortie ; ou la, loi n'est pas une coutume passée en loi et, au contraire, elle contrarie une coutume ; et alors il faut, pour qu'elle ait de l'autorité, que par la longueur de temps elle soit devenue coutume elle-même.

Dans les deux cas, on le voit, c'est bien réellement l'ancienneté de la loi qui fait sa force d'autorité sur les hommes. La loi a comme une végétation et elle est tendre arbrisseau d'abord, puis son écorce se forme et se durcit, et ses racines s'enfoncent profondément dans le sol et se cramponnent aux rochers.

Il faut donc une extrême circonspection à remplacer le vieux tronc par le jeune arbrisseau : « La plupart des législateurs, dit Usbek à Rhédi, ont été des hommes bornés que le hasard a mis à la tête des autres et qui n'ont presque consulté que leurs préjugés et leurs fantaisies... Ils ont souvent aboli sans nécessité les lois qu'ils ont trouvées établies, c'est-à-dire qu'ils ont jeté les peuples dans les désordres inséparables des changements. Il est vrai que, par une bizarrerie qui vient plutôt de la nature que de l'esprit des hommes, il est quelquefois nécessaire de changer certaines lois. Mais le cas est rare et lorsqu'il arrive, il n'y faut toucher que d'une main tremblante ; on y doit observer tant de solennité et y apporter tant de précautions que le peuple en conclut naturellement que les lois sont bien saintes puisqu'il faut tant de formalités, pour les abroger. " — Montesquieu était ici, comme il l'est souvent, tout à fait aristotélicien ; car Aristote écrivait : « Il est évident qu'il y a certaines lois à changer, à certaines époques ; mais cela exige beaucoup de circonspection ; car, lorsque l'avantage est peu considérable, *étant dangereux d'habituer les citoyens à changer facilement les lois*, il vaut mieux laisser subsister quelques erreurs du législateur et des magistrats. Il y aura moins d'avantage à changer les lois que de danger à donner l'habitude de désobéir aux magistrats " [en considérant la loi qu'ils appliquent comme éphémère, inconstante et toujours à la veille d'être changée].

Connaissance des lois des principaux peuples; connaissance, et profonde, du tempérament, du caractère, des sentiments, des passions, des penchants, des opinions, des préjugés et des coutumes du peuple auquel il appartient, modération d'esprit et de cœur, absence de passions, désintéressement, sang-froid et même ataraxie : telles sont les qualités du législateur idéal et même c'est trop dire; telles sont les qualités qui sont presque nécessaires à un homme pour faire une bonne loi ; telles sont presque, en vérité, les qualités élémentaires du législateur.

On a bien vu que c'est aussi presque le contraire de tout cela que la démocratie aime chez son législateur et pour ainsi dire exige de lui. Elle nomme des incompétents, des ignorants presque toujours, j'ai dit pourquoi ; et elle nomme des hommes deux fois incompétents, je veux dite des hommes chez qui la passion neutraliserait la compétence si la compétence existait.

Il y a même ce fait curieux à observer. C'est tellement à cause de leurs passions, et non malgré leurs passions, c'est tellement *parce que* passionnés et non *quoique* passionnés que la démocratie choisit ses mandataires et elle les choisit si bien pour les raisons pour lesquelles elle les devrait exclure; que l'homme capable de modération, de justesse d'esprit, de vue nette du réel et du possible, de réalisme et d'esprit pratique, pour se faire nommer et pour arriver à pratiquer toutes ces vertus, commence par les dissimuler avec soin et par afficher bruyamment tous les défauts contraires. Il a des paroles de guerre civile pour se faire nommer au poste où il compte bien défendre et assurer la paix ; et il faut, pour qu'il puisse devenir un pacificateur, qu'il commence par faire figure de séditieux.

Tous les favoris du peuple passent par ces deux phases et fournissent ces deux stades, et il faut qu'ils parcourent tout le premier pour pouvoir s'engager dans le second. — « Ne vaut-il pas mieux commencer que finir par être conservateur ?" — Non pas ; car on ne peut pas être conservateur puissant et exercer la puissance conservatrice, qu'on n'ait commencé par être anarchiste.

Le peuple est tellement habitué à ces évolutions qu'il ne fait plus qu'en sourire. Il y a pourtant cet inconvénient que le conservateur qui a un passé de séditieux a une autorité toujours mêlée et contestée et passe une partie de sa vie à expliquer les raisons du vaste détour qu'il a décrit et que ce lui est embarras et entraves.

Toujours est-il que le peuple ne nomme que des passionnés vrais ou faux qui, ou bien resteront toujours des passionnés et c'est le gros des législateurs, ou bien deviendront des modérés très mal entraînés à leur nouveau rôle. Et ces passionnés, pour parler du gros, de l'immense majorité, se déchaînent dans la législation au lieu d'y travailler avec prudence, sang-froid et sagesse. Les règles précédemment indiquées sont très précisément renversées. Ce ne sont pas les passions populaires que les lois répriment ou refrènent ; c'est des passions populaires que la loi est l'expression même. Les lois sont une suite de mesures des partis les uns contre les autres. Les lois proposées sont des batailles livrées ; les lois votées sont des victoires ; et voilà autant de définitions qui condamnent les législateurs et qui incriminent le régime.

V
LES LOIS EN DÉMOCRATIE

Et le signe qu'il en est ainsi c'est que toutes les lois sont des lois de circonstance, ce qu'une loi ne devrait jamais être. Loin de craindre en tout état de cause, comme le voulait Montesquieu, de toucher aux vieilles lois pour en faire de nouvelles et de démolir la maison pour dresser une tente, les lois nouvelles se multiplient selon tous les accidents atmosphériques, selon tous les incidents de la politique au jour le jour. Semblable au guerrier barbare, dont parle Démosthène, qui se défend toujours du côté du coup qu'il vient de recevoir, et, frappé à l'épaule, porte son bouclier à son épaule, puis frappé à la cuisse, le porte vivement à sa cuisse, le parti dominant ne fait des lois que pour se défendre contre l'adversaire qu'il a ou qu'il croit avoir ; ou il ne fait une réforme, précipitée et improvisée, que sous le coup d'un scandale ou d'un prétendu scandale qui vient d'éclater.

Un « aspirant à la tyrannie ", comme on disait à Athènes, est-il nommé député dans un trop grand nombre de circonscriptions, vite une loi interdisant les candidatures multiples. Pour la même raison, par crainte du même homme, vite une loi remplaçant le scrutin de liste par le scrutin d'arrondissement.

Une accusée a été, paraît-il, maltraitée dans l'instruction qu'elle a subie, menée trop vivement dans l'interrogatoire du président, accusée maladroitement par le ministère public ; vite une réforme radicale de toute la procédure criminelle.

Ainsi en toutes choses. L'usine des lois est un magasin de nouveautés. Plutôt encore c'est un journal. On y « interpelle " une fois par jour ; c'est l'article de polémique ; on y

« questionne " les ministres plusieurs fois par jour sur les petits faits signalés ici et là ; c'est le roman-feuilleton ou le conte ; on y fait une loi à propos de ce qui s'est passé la veille ; c'est l'article de fond ; et l'on s'y donne des coups de poing ; c'est le fait divers. Il n'y a pas de représentation plus exacte du pays ; c'en est l'image fidèle ; tout ce qui l'occupe le matin y est traité le soir comme au café du commerce de Casteltartarin ; c'est le miroir grossissant du pays bavard. Or une chambre de législation ne doit pas être l'image du pays ; elle doit en être l'âme, elle doit en être le cerveau ; mais pour toutes les raisons que nous avons dites, la représentation nationale ne représentant que les passions du pays ne peut pas être autre chose que ce qu'elle est. En d'autres termes la démocratie moderne *n'est pas gouvernée par des lois*, mais par des décrets ; car les lois de circonstance ne sont pas des lois, ce sont des décrets. Une loi est un règlement ancien, consacré par le long usage, auquel on obéit presque en ignorant si c'est à une loi que l'on obéit ou à une coutume, et qui fait partie d'un ensemble médité, cohérent, logique et harmonieux de prescriptions. Une loi inspirée par une circonstance n'est qu'un décret. —C'est une des choses qu'a le mieux vu Aristote et cent fois il met en lumière cette différence essentielle, fondamentale et que l'on court les plus grands risques à méconnaître ou à ignorer. Je cite le passage de lui qui est le plus précis et le plus fort à cet égard : « Enfin, il y a une cinquième espèce de démocratie *où la souveraineté transportée de la loi à la multitude* . C'est ce qui arrive *quand les décrets enlèvent l'autorité absolue à la loi* , ce qui est l'effet du crédit des démagogues. Dans les gouvernements démocratiques où la *loi* règne, il n'y a pas de démagogues ; ce sont les citoyens les plus recommandables qui ont la prééminence ; mais une fois que la *loi* a perdu la souveraineté, il s'élève une foule de démagogues. Alors le peuple est comme un monarque à mille têtes ; il est souverain, non pas par individu, mais en corps... Un tel peuple, vrai monarque, veut régner en monarque ; il s'affranchit du joug de la *loi* et devient despote ; ce qui fait que les flatteurs y sont en honneur. Cette démocratie est en son genre ce que la tyrannie est à la monarchie. De part et d'autre, même oppression des hommes de bien : en monarchie les ordonnances arbitraires, en démocratie les *décrets* arbitraires. Et le démagogue et le flatteur ne font qu'un : ils ont entre eux une ressemblance qui les confond, avec une égale influence les uns sur les tyrans, les autres sur les peuples qui se sont réduits à l'état de tyrans. Les démagogues sont cause que l'autorité souveraine *est dans les décrets et non dans la loi*, par le soin qu'ils prennent de tout ramener au peuple ; il en résulte qu'ils deviennent puissants parce que le peuple est maître de tout et qu'eux-mêmes sont maîtres du peuple... Or on peut soutenir avec raison qu'un pareil régime *est une démocratie et non une république ; car il n'y a pas de république là où les lois ne règnent pas*. Il faut en effet que l'autorité de la *loi* s'étende sur tous les objets... Par conséquent, si la démocratie doit être comptée parmi les formes de gouvernement, il est clair qu'un pareil régime, celui dans lequel tout se règle par *décrets n'est pas même, à proprement parler, une démocratie* ; car jamais un *décret* ne peut avoir une forme générale, comme la *loi*. "

Cette distinction entre la loi séculaire qui est la loi et la loi de circonstance qui n'est qu'un décret, entre la loi qui fait partie d'une législation coordonnée qui est la loi et la loi de circonstance qui n'est qu'un décret ; entre la loi faite pour toujours, qui est la loi et la loi de circonstance qui est analogue et même toute semblable à la velléité d'un tyran ; cette distinction, à le bien prendre, c'est toute la différence entre les sociologues de l'antiquité et les sociologues modernes. Quand les sociologues anciens et les sociologues modernes parlent de la loi, ils ne parlent pas de la même chose et c'est ce qui fait faire tant de contre-sens. Quand le sociologue moderne parle de la loi il entend par là l'expression de la volonté générale à telle date, en 1910 par exemple. Pour le sociologue ancien l'expression de la volonté générale à telle date, l'an II de 73e Olympiade par exemple, n'est pas une loi, c'est un décret. Une loi c'est un paragraphe de la législation de Solon, de Lycurgue ou de Charondas. Toutes les fois que vous verrez dans un politique grec ou dans un politique romain ces mots : un état gouverné par les lois, ne traduisez pas autrement, n'interprétez pas autrement ; cela veut dire un état gouverné par une législation très ancienne et qui ne change pas cette législation. C'est ce qui donne son vrai sens à la fameuse prosopopée des Lois dans le *Phédon*, qui serait stupide si les Grecs avaient entendu par « *lois* " ce que nous entendons par ce mot. La loi est-elle l'expression de la volonté générale du peuple ? Alors pourquoi Socrate la respecterait-il, lui qui méprise le peuple, lui qui s'est moqué du peuple toute sa vie et jusque dans son procès criminel ? Ce serait absurde. Mais les lois ne sont pas les décrets que le peuple porte au moment où Socrate existe ; ce sont les lois qui protègent la cité depuis qu'elle existe ; ce sont ces lois qui sont les Déités antiques de la cité.

Elles peuvent se tromper, à preuve qu'on tire d'elles de quoi condamner Socrate à mort ; mais elles sont respectables, vénérables et inviolables, parce qu'elles ont été tutélaires à la cité depuis des siècles et tutélaires à Socrate lui-même jusqu'au moment où l'on a abusé d'elles contre lui.

Donc une « république ", pour adopter la terminologie d'Aristote, c'est une nation qui obéit à des lois et qu'elle obéisse à des lois cela veut dire qu'elle obéit aux lois écrites par ses ancêtres. Mais alors, c'est une aristocratie ; car obéir, non pas à ceux qui représentent les traditions des ancêtres, c'est-à-dire aux nobles, mais *aux ancêtres eux-mêmes*, en obéissant à leur pensée qu'ils ont déposée dans une législation vieille de cinq siècles, c'est bien plus aristocratique que d'obéir aux aristocrates. Les aristocrates sont toujours moitié traditionnels, moitié de leur temps ; la loi d'il y a quatre cents ans est de quatre cents ans et n'est rien autre chose. Obéir à la loi telle que les sociologues anciens l'entendent, ce n'est pas obéir au Scipion que je rencontre sur la voie sacrée, c'est obéir à l'arrière-grand-père de son aïeul. C'est ultra-aristocratique ! — Précisément ! *La loi est aristocratique* ; et il n'y a de démocratique que le *décret*, que la *loi de circonstance*. C'est pour cela que Montesquieu parle toujours d'une monarchie contenue, réprimée et du reste soutenue par des lois. Qu'est-ce que cela peut bien vouloir dire en son temps où la « volonté générale " n'a pas « d'expression " et où, par conséquent, la monarchie ne peut pas être contenue par des lois, expressions de la volonté générale ; dans un temps, d'autre part, où c'est la royauté qui est pouvoir législatif, qui fait les lois et où, par conséquent, elle ne peut pas être contenue par les lois qu'elle fait elle-même et qu'elle peut défaire et refaire ? Qu'est-ce donc que cela peut bien vouloir dire ? Cela veut dire que par « loi ", comme tous les sociologues anciens où il a appris à lire, Montesquieu entend les vieilles lois antérieures au régime dans lequel il vit, les vieilles lois de l'antique monarchie (il les appelle les « Lois fondamentales ") qui lient, qui doivent lier la monarchie actuelle, sans quoi elle serait pareille à un despotisme ou à une démocratie. La *loi* est essentiellement aristocratique. Elle fait gouverner les gouvernés par les gouvernants et les gouvernants par les morts. C'est l'essence même de l'aristocratie que le gouvernement de ceux qui vivent par ceux qui ont vécu en prévision de ceux qui vivront. L'aristocratie proprement dite est une aristocratie charnelle ; la *loi* est une aristocratie spirituelle ; l'aristocratie proprement dite représente les morts par tradition, par héritage, par leçons reçues, par éducation transmise, aussi par hérédité physiologique de tempérament et de caractère ; la loi ne représente pas les morts ; elle est eux-mêmes ; elle est leur pensée déposée dans un texte qui ne change pas ou qui change insensiblement.

Est aristocratique, est en régime aristocratique et en esprit aristocratique, une nation qui conserve son vieil état-major aristocratique et qui le renouvelle discrètement, avec ménagement, et précaution par des additions successives d'hommes nouveaux. Est aristocratique par le même procédé exactement, mais beaucoup plus encore, la nation qui conserve sa vieille législation avec la plus grande piété et qui la rajeunit, la renouvelle discrètement, avec ménagements et circonspection par des additions successives de lois nouvelles qui doivent toujours avoir quelque chose de l'esprit nouveau, quelque chose de l'esprit ancien. *Homines novi, Novæ res. Homo novus* veut dire l'homme qui n'a pas d'ancêtres et qu'il faut, pour son mérite, adjoindre à ceux qui en ont. *Novæ res* ce sont des choses qui n'ont pas d'antécédents et aussi cela veut dire : révolution. Les *Novæ res* ne doivent être introduites que partiellement, insensiblement et progressivement dans les choses anciennes comme les « hommes nouveaux " dans la corporation des hommes anciens. L'aristocratie est aristocratique, la loi est plus aristocratique encore. Voilà pourquoi la démocratie est ennemie naturelle des lois et ne peut souffrir que les décrets.

Représentation du pays réservée aux incompétents et aussi aux passionnés qui sont deux fois incompétents ; représentation du pays voulant tout faire et faisant tout mal, gouvernant et administrant et versant l'incompétence et la passion dans le gouvernement et l'administration : voilà où nous en sommes dans notre examen d'une démocratie moderne.

VI
INCOMPÉTENCE GOUVERNEMENTALE

Ce n'est pas tout ; la loi de l'incompétence s'étend plus loin, soit par conséquence logique, soit par une sorte de contagion. On a remarqué en riant, car la chose est comique comme toutes les choses tragiques que l'on prend avec bonne humeur, qu'il est très rare qu'un ministère soit attribué à l'homme qui y serait compétent ; que généralement le ministère de l'Instruction publique est donné à un avocat, le ministère du Commerce à un homme de lettres, le ministère de la Guerre à un médecin, le ministère de la Marine à un journaliste et que Beaumarchais a donné la formule beaucoup plus de la démocratie que de la monarchie absolue en disant : « Il fallait un calculateur ; ce fut un danseur qui l'obtint. "

La chose est tellement de règle qu'elle a comme un effet rétroactif dans les idées historiques de la foule. Trois Français sur quatre sont persuadés que Carnot était un « civil " et cela a été imprimé bien des fois. Pourquoi ? parce qu'on ne peut pas s'imaginer qu'en démocratie le ministère de la Guerre ait pu être donné à un soldat, que les Conventionnels aient pu confier le ministère de la guerre à un officier ; cela semblait trop paradoxal pour être vrai.

Cette singulière attribution des ministères en raison de l'incompétence des titulaires semble, au premier regard, un simple jeu, une simple coquetterie spirituelle et raffinée de la déesse Incompétence. C'est un peu cela ; ce n'est pas cela, tout à fait cela. Les ministères sont d'ordinaire attribués ainsi parce qu'il s'agit pour celui qui les forme de donner une portion de pouvoir à chacun des groupes de la majorité sur laquelle il veut s'appuyer. Ces groupes n'ayant pas chacun un spécialiste à fournir, le personnage politique ne peut pas s'occuper des spécialités et distribue les ministères en obéissant à des convenances politiques et non à des convenances professionnelles ; le résultat est celui que j'indiquais ; le seul ministère attribué d'une façon a peu près rationnelle est celui que le président du conseil s'est réservé et prend pour lui-même ; encore, très souvent, pour ménager une personnalité politique importante, le cède-t-il et en prend un qui n'est pas celui où il serait à son affaire.

Conséquences : chaque ministère étant dirigé par un incompétent, est dirigé par un homme qui, s'il est consciencieux, y apprend le métier où il devrait être passé maître ; qui, s'il est moins consciencieux, ou s'il est pressé, et il l'est toujours, dirige son ministère selon des idées générales politiques et non selon des idées pratiques. Incompétence en quelque sorte redoublée.

Il faut entendre le discours par lequel un nouveau ministre de l'Agriculture se présente à son personnel ; il n'y est question que des principes de 1789.

Or, dans un pays centralisé, c'est le ministre qui fait tout dans son département. Il fait tout sous la pression de la représentation nationale, mais il fait tout ; il prend toutes les décisions. On peut prévoir quelles elles peuvent être. Souvent elles sont tellement en dehors de la loi et contraires à elle qu'elles sont lettre morte en naissant. Les circulaires ministérielles ont souvent ce caractère singulier d'être illégales. Il n'en est que cela et elles tombent ; mais elles ont apporté un trouble profond dans l'administration tout entière.

Quant aux nominations, elles sont faites comme j'ai dit, par influence politique sans qu'elles puissent être corrigées, quand elles sont trop abusives ou trop erronées, par la compétence d'un ministre éclairé sur les choses et les hommes de son ministère, qui dirait ; « Cependant, n'allons pas jusque-là ! "

VII
INCOMPÉTENCE JUDICIAIRE

Ceci est l'incompétence élargissant, pour ainsi dire, son domaine par conséquence logique ; il y a d'autres régions où elle l'élargit par une sorte de contagion. A-t-on remarqué que l'ancien régime, avec toutes ses très graves imperfections, avait, par une sorte de tradition historique, un certain respect des compétences diverses ? En choses de juridiction, par exemple, il y avait des juridictions seigneuriales, des juridictions ecclésiastiques, des juridictions militaires. Sans doute ce n'était pas la raison, ce n'étaient pas des méditations profondes qui avaient établi ces institutions ; c'était l'histoire même, c'étaient les évènements ; mais il parut juste, même à la monarchie empiétante et tournant au despotisme, de les conserver.

Les justices seigneuriales, quoique étant les moins fondées en raison, n'étaient point sans utilité, rattachant ou pouvant rattacher le seigneur à sa terre et empêcher qu'il perdît de vue ses vassaux et que ses vassaux le perdissent de vue et elles étaient donc conservatrices de la constitution aristocratique du royaume ; j'ajoute que bien réglées, délimitées et définies dans un code, ce qui ne fut jamais fait, elles eussent été conformes à la loi de compétence : il est des affaires qui sont proprement affaires ressortissant à la compétence du seigneur du pays, comme étant proprement locales ; dans ces affaires, le seigneur jouait le rôle que joue de nos jours le juge de paix et il n'aurait fallu que déterminer avec précision quelles étaient ces affaires-ci et toujours permettre l'appel.

Les juridictions ecclésiastiques étaient parfaitement raisonnables, les délits commis par les ecclésiastiques ayant un caractère très particulier dont seuls des juges ecclésiastiques peuvent bien connaître. Cela paraît étrange aux esprits d'à présent ; mais pourquoi y a-t-il, de nos jours mêmes, des tribunaux de commerce et des conseils de prud'hommes, si ce n'est parce que les procès entre commerçants et les contestations entre ouvriers et ouvrières et entre ouvriers et patrons ne peuvent être jugés avec connaissance de cause que par des hommes qui sont de la partie, toujours, du reste, appel à une juridiction supérieure étant réservé.

Enfin l'ancien régime avait des tribunaux militaires, des conseils de guerre, exactement pour les mêmes raisons.

En démocratie tous ces tribunaux d'exception sont objets de vive défiance parce qu'ils sont contraires à l'uniformité, forme et souvent caricature de l'égalité, et aussi parce qu'ils sont le domaine et le refuge de la compétence.

La démocratie a aboli, cela va de soi, les tribunaux aristocratiques avec l'aristocratie elle-même et les tribunaux ecclésiastiques avec l'Église elle-même considérée comme corps de l'Etat ; mais elle a tendance à considérer les tribunaux exceptionnels qui restent encore comme instruments d'aristocratie ; elle poursuit de sa haine les conseils de guerre parce que sur la culpabilité militaire, sur le devoir militaire et sur l'honneur militaire ils ont des idées particulières ; mais c'est précisément là leur compétence ; c'est ce qu'il faut qu'ils aient pour entretenir l'esprit militaire et pour maintenir dans sa force une armée forte. Le soldat, l'officier qui ne serait jugé et qui ne serait puni que comme un civil, ne serait ni bien jugé ni assez puni en considération des devoirs particuliers qui incombent à l'armée et des services qu'elle doit rendre. Il y a là une question de compétence technique et une question de compétence morale dans lesquelles la démocratie ne veut pas entrer par suite de sa conviction qu'il n'y a pas de compétence particulière et qu'en toutes choses il suffit d'avoir du bon sens ; mais le bon sens est comme l'esprit : il sert à tout et ne suffit à rien ; c'est précisément ce que la démocratie ne veut pas comprendre ou ne peut pas concevoir.

Son erreur est aussi grande pour ce qui est de la magistrature civile et pour ce qui est du juge criminel. Pour la magistrature civile elle a cru bien faire en dérogeant, jusqu'à présent, à son principe et en confiant la tâche de juger à des juristes. Voilà enfin un corps qui a la compétence, c'est incontestable et personne ne la lui conteste : ceux qui jugent sont ceux qui savent le droit. Mais, comme j'ai eu souvent l'occasion de le dire déjà, à côté de la compétence technique il y a la compétence morale et la démocratie s'est efforcée de diminuer la compétence morale de la magistrature et, faites-y bien attention, en diminuant cette compétence morale, de neutraliser la compétence technique elle-même.

Il y avait autrefois une magistrature qui était un corps de l'Etat, un corps autonome et qui par conséquent — sauf coups d'Etat de temps en temps et par conséquent, chez elle, peur des coups d'Etat — avait une indépendance absolue. Cela lui donnait ou pour mieux dire laissait intacte chez elle la compétence morale : la compétence morale consiste à pouvoir agir selon les lumières de sa conscience.

On a créé une magistrature qui est une administration comme les autres, qui est un corps de fonctionnaires. L'Etat nomme ces fonctionnaires, les promeut, leur refuse les promotions, les paie. En un mot il les a dans sa main, comme le ministre de la Guerre les officiers, comme le ministre des Finances les employés des contributions indirectes. Dès lors ils n'ont plus de compétence morale pour juger. Ils seront toujours tentés, trop tentés, de juger comme le gouvernement voudra qu'ils jugent. « Il est vrai qu'ils ont une garantie, qui est l'inamovibilité ; mais l'inamovibilité n'est une garantie, bien évidemment, que pour ceux qui sont arrivés au sommet de la hiérarchie ou au terme de leur carrière, que pour ceux qui, à cause de la retraite proche, ou parce qu'ils ne peuvent monter plus haut que là où ils sont, n'ont aucune préoccupation d'avancement. Le jeune magistrat qui veut avancer, désir légitime, n'est point du tout indépendant, puisque, s'il déplaît, il jouira d'un genre particulier d'inamovibilité : il restera toujours à son poste de début. Il n'y a de magistrat indépendant, il n'y a de magistrat sans souci que de la justice, d'une part que les juges chargés de quarante ans de service, et d'autre part que le président de la Cour de cassation ; j'ajoute celui qui, pourvu des biens de la fortune, est indifférent à l'avancement et fait toute sa carrière dans la ville de ses débuts, magistrat exactement pareil aux magistrats de l'ancien régime, extrêmement rare et de plus en plus rare de nos jours.

Du reste, cette inamovibilité même, dont on fait état, est suspendue de temps en temps par un gouvernement ou par un autre, de sorte que réduite à l'inamovibilité comme seule garantie et comme garantie presque illusoire, la magistrature actuelle est de plus, comme celle de l'ancien régime, sous la menace continuelle des coups d'Etat. Sa compétence morale est très restreinte.

Or je dis que la diminution de sa compétence morale neutralise sa compétence technique ; car de sa compétence technique il faut qu'elle fasse abstraction quand elle a à juger entre le gouvernement et les particuliers et même entre les particuliers protégés par le gouvernement et les particuliers que le gouvernement ne tient pas pour ses amis. Or, qu'elle ait à juger entre le gouvernement et les particuliers c'est ce qui arrive quelquefois, et qu'elle ait à juger entre les amis du gouvernement et ses adversaires c'est ce qui arrive presque tous les jours, dans un pays où le gouvernement est un parti qui gouverne et qui est sans cesse en lutte contre tous les autres.

On a fait remarquer avec raison que le gouvernement parlementaire à base de suffrage universel c'est la guerre civile, régularisée, mais en permanence ; c'est la guerre civile non sanglante, le plus souvent ; mais c'est la guerre par insultes, par provocations, par calomnies, par dénonciations, par méchants tours et par procès entre différents partis et cela en permanence, depuis le commencement de l'année jusqu'à la fin. Et c'est dans un pays qui se trouve en ces conditions que la magistrature devrait être radicalement indépendante pour être impartiale ; et c'est précisément dans ce pays que la magistrature, n'étant pas autonome, est forcée, tout au moins, de ne pas déplaire à un parti, celui qui gouverne et qui est terriblement exigeant, ayant peur que le gouvernement lui soit arraché.

— Il n'y a rien à faire à cela. Voudriez-vous en revenir à la vénalité des charges de judicature.

— D'abord ce ne serait pas une chose si monstrueuse ; ensuite on pourrait, sans la vénalité, avoir les avantages que cette vénalité assurait.

Ce ne serait pas une chose si monstrueuse. Il en est encore ici comme tout à l'heure quand on s'indignait à la pensée de tribunaux d'exception sans songer aux tribunaux de commerce et aux conseils de prud'hommes qui sont des tribunaux d'exception et qui sont très bons. On s'indigne contre l'achat d'une fonction de conseiller à la cour et l'on ne songe pas que les huissiers, les avoués et les notaires, de qui nous ne laissons pas de dépendre, à qui nous ne laissons pas de confier des intérêts de tout premier ordre, achètent leurs charges ou les héritent. Être jugé en régime de vénalité des offices de judicature, c'est être jugé par des avoués ou des notaires à qui on a demandé des connaissances juridiques plus étendues ; c'est être jugé par des notaires et des avoués supérieurs. Il n'y a rien là d'abominable.

On sait que Montesquieu était partisan de la vénalité des charges et que Voltaire y était très opposé. Ils avaient tous deux bien raison, je veux dire chacun d'eux était bien d'accord avec ses idées générales. Montesquieu dit : « Cette vénalité est bonne dans les Etats monarchiques parce qu'elle fait faire comme un métier de famille ce qu'on ne voudrait pas entreprendre pour la vertu, qu'elle destine chacun à son devoir et rend les ordres de l'Etat plus permanents. Suidas dit très bien qu'Anastase avait fait de l'Empire une espèce d'aristocratie en vendant toutes les magistratures. "

Voltaire répond : « Est-ce par vertu qu'on accepte en Angleterre la charge de juge du banc du roi ? [C'est par vertu ou par intérêt ; et s'il n'y a pas d'intérêt il faut en effet une très grande vertu pour cela]. Quoi ! on ne trouverait pas de conseillers pour juger dans les Parlements de France si on leur donnait les charges gratuitement ? [On en trouverait ; mais il se pourrait qu'ils fussent trop reconnaissants]. La fonction de rendre la justice, de disposer de la fortune et de la vie des hommes un métier de famille ! [Mais le métier de porter les armes et de disposer, en temps de guerre civile de la fortune et de la vie des hommes est en 1760 un métier de famille et je ne vous vois pas protester contre lui ; le métier de roi est en 1760 un métier de famille et je ne vous vois pas vous indigner contre la royauté]. Plaignons Montesquieu d'avoir déshonoré son ouvrage par de tels paradoxes ; mais pardonnons-lui : son oncle avait acheté une charge de président en province et la lui avait laissée ; on retrouve l'homme partout. Nul de nous n'est sans faiblesse. "

Montesquieu croit que les corps aristocratiques sont une bonne chose ; Voltaire est pour le pouvoir absolu. — Montesquieu aime que la judicature soit un métier de famille, c'est-à-dire traditionnel, comme le métier militaire, ce qui rend l'ordre judiciaire permanent comme les autres ordres et il montre avec Suidas la vénalité créant une aristocratie. Voltaire voudrait, comme Napoléon Ier, qu'il n'y eût que soldats du roi, prêtres du roi, juges du roi, tous hommes du roi et lui appartenant corps et âmes.

Montesquieu avait un contradicteur plus grand que Voltaire ; c'était Platon. Platon dans sa *République* avait écrit, en parlant *en général* de toutes les magistratures : « C'est comme si dans un navire on faisait quelqu'un pilote pour son argent. Serait-il possible que la règle fût mauvaise dans quelque autre emploi que ce fût et bonne seulement pour conduire une République ? "

Montesquieu répond très spirituellement à Platon (et d'avance à Voltaire) : « Platon parle d'une république vertueuse et moi d'une monarchie. Or dans une monarchie, où, quand les charges ne se vendraient pas par règlement, l'indigence et l'avidité des courtisans les vendraient tout de même, le hasard donnera de meilleurs sujets que le choix du prince. "

En résumé, Montesquieu veut que la magistrature, partie héréditaire, partie recrutée dans les classes riches, soit un corps aristocratique indépendant, analogue à l'armée, armée de la loi, analogue au clergé, clergé de la loi et rendant la justice avec la compétence technique que les titres universitaires établiront et avec cette compétence morale qui est faite d'indépendance, de dignité, d'esprit de corps et d'impartialité.

Mais j'ai ajouté que la vénalité des offices n'était pas nécessaire pour obtenir ces résultats, pour établir ces garanties. Le principe, qui tombe sous le sens, est celui-ci : la magistrature doit être indépendante. Elle ne peut l'être que si elle l'est par la propriété de ses fonctions, par le fait d'être propriétaire de ses fonctions. Elle ne peut être propriétaire de ses fonctions que si elle les achète, ou les hérite, comme sous l'ancien régime ; — ou si elle n'est pas nommée par le gouvernement. On n'aime point qu'elle les achète ou les hérite ; alors il faut qu'elle soit nommée autrement que par le gouvernement.

Par qui donc ? Par le peuple ? Mais alors elle sera dépendante du peuple, elle sera dépendante de ses électeurs.

— Ce sera meilleur, ou moins mauvais.

— Point du tout. D'abord, nommée par les électeurs, la magistrature sera encore moins impartiale qu'elle ne l'est nommée par le gouvernement. Le juge ne songera qu'à se faire réélire et donnera toujours raison aux plaideurs appartenant au parti qui l'aura élu. Voudriez-vous être jugé par un tribunal composé des députés de votre département ? Non, certes, si vous appartenez au parti le plus faible. Oui, si vous appartenez au parti le plus fort ; et encore à la condition que vous ayez pour partie un homme appartenant au parti le plus faible ; car si vous avez pour partie un homme appartenant comme vous au parti le plus fort, il s'agira de savoir si vous êtes électeur plus influent que lui ou s'il est électeur plus influent que vous. *Ad summam*, aucune garantie d'impartialité avec une magistrature élue.

Ajoutez qu'avec le système des juges élus par les justiciables vous aurez une très grande, très agréable du reste, diversité de justice. Ce sera un bariolage. Dans les pays bleus les juges nommés par une majorité bleue et tenant à être réélus par elle jugeront toujours en faveur des bleus ; dans les pays blancs, les juges nommés par une majorité blanche et tenant à être réélus par elle, jugeront toujours en faveur des blancs. « Le droit a ses époques ! " s'écrie ironiquement Pascal. Le droit aura ses régions. Il ne sera pas le même dans les Alpes-Maritimes et dans les Côtes-du-

Nord. La Cour de cassation, à la supposer impartiale, passera son temps à renvoyer les procès des pays blancs à juger à nouveau dans les pays bleus et les jugements des tribunaux des pays bleus à corriger dans les pays blancs. Et ce sera l'anarchie judiciaire, l'anarchie juridique, et l'anarchie de la jurisprudence.

— Si la magistrature ne doit pas être héréditaire ou acquise à prix d'argent ; et ne doit pas être nommée par le gouvernement et ne doit pas être élue par le peuple ; par qui sera-t-elle bien nommée ?

Par elle-même ; je ne vois pas d'autres solutions.

Par exemple car je ne vois qu'un système juste ; mais il peut y avoir plusieurs méthodes par exemple tous les docteurs en droit de France nomment la Cour de cassation et la Cour de cassation nomme tous les magistrats de la magistrature assise et les promeut. C'est une méthode aristocratique-démocratique ; la base est très large.

Ou bien les magistrats seulement nomment les membres de la Cour de cassation et la Cour de cassation nomme les magistrats et les promeut. C'est une méthode oligarchique.

Ou bien — procédé de transition entre ce qui est et ce qui doit être — pour la première fois seulement, tous les docteurs en droit de France nomment la Cour de cassation et la Cour de cassation nomme tous les magistrats de France et ensuite et désormais ce sont les magistrats de France qui pourvoient aux vides de la Cour de cassation et la Cour de cassation, laquelle nomme et promeut tous les magistrats de France.

Le gouvernement n'a pas cessé et il continue de nommer les membres de la magistrature debout.

Dans toutes ces méthodes la magistrature forme un corps autonome, issu d'elle-même, ne dépendant que d'elle-même ne relevant que d'elle-même, capable, à cause de son absolue indépendance, d'une impartialité absolue.

— Mais c'est une caste !

— C'est une caste. J'en suis affligé ; mais c'est une caste. Jamais vous ne serez bien jugés que par une caste, parce que ce qui n'est pas caste ne peut être que le gouvernement ou tout le monde et le gouvernement ne peut pas bien juger étant souvent juge et partie ; et, s'il est ombrageux, se croyant toujours partie ; et tout le monde ne peut pas bien juger, tout le monde, dans la pratique étant la majorité et la majorité étant un parti et un parti, par définition, pouvant difficilement être impartial.

Mais la démocratie tient à ne pas être jugée par une caste, d'abord par horreur des castes, ensuite parce qu'elle ne tient pas à être jugée impartialement. Ne criez pas au paradoxe ; elle tient à être jugée impartialement dans les petits procès, dans le train de tous les jours, couramment ; elle tient, dans tous procès impliquant question politique, dans tout procès, aussi, où un homme appartenant à la majorité se trouve en présence d'un homme appartenant à « l'opposition " à ce qu'il soit jugé contre celui-ci.

Elle dit à la magistrature ce qu'un député naïf disait au président de la Chambre : « Votre devoir est de protéger la majorité. "

Voilà pourquoi elle tient à cette magistrature de fonctionnaires, qui, bien que contenant de très bons éléments, ne peut pas être *toujours* impartiale, à cette magistrature qui par la bouche d'un de ses plus hauts dignitaires, interrogée sur une procédure peu conformer à la loi, répondait : « il y avait là *le fait du prince* " et jetait ainsi aux pieds du gouvernement et la magistrature et la loi ; à cette magistrature qui, dans d'assez bonnes intentions du reste et pour en finir avec une affaire interminable, tournait la loi ou plutôt la *retournait* , à coup sûr ne l'appliquait pas et donnait ainsi un mauvais exemple, et du reste, permettant ainsi de contester indéfiniment et très pertinemment son arrêt, ne procurait pas l'apaisement qu'elle voulait produire et laissait l'affaire éternellement ouverte au lieu de la clore ; à cette magistrature enfin qui a de la science, du sens, de l'intelligence, mais qui, son incompétence morale neutralisant sa compétence technique, n'a pas d'autorité et ne peut pas en avoir.

Mais la démocratie ira plus loin et il ne se peut guère, puisqu'elle penche de plus en plus du côté de son principe, qu'elle n'y aille point. Comme son idéal est le gouvernement direct, de même et pour la même raison son idéal, là où il faut absolument des magistratures, est le magistrat élu. Elle voudra élire ses juges.

Notez en effet qu'elle les nomme déjà, mais au troisième degré. Elle nomme les députés qui nomment le gouvernement qui nomme les juges. Cela est lointain.

Elle les nomme aussi, un peu, au second degré, car elle nomme les députés qui pèsent sur la nomination des juges et qui pèsent sur leur avancement ou sur leur non avancement et qui pèsent encore souventes fois sur leurs décisions ; mais cela encore est lointain.

Et puisque, par cette constitution, ou plutôt par cette pratique, le principe est reconnu que c'est le peuple qui, médiatement, mais réellement, nomme les juges, la démocratie, logique, simpliste et simplificatrice comme toujours, voudra que le principe soit appliqué sans détours et voudra que le peuple, directement et immédiatement nomme les juges.

Alors interviendront les éternelles questions de la manière de voter, de la manière de nommer. Si l'on vote, si l'on nomme au scrutin unipersonnel, le canton nommera son juge de paix, l'arrondissement son tribunal, la région sa Cour, tout le pays la Cour de cassation ; et il y aura le double inconvénient signalé plus haut, jurisprudence et justice diverses selon les pays et impartialité nulle part.

Si l'on nomme au scrutin de liste, tout le pays nomme toute la magistrature et alors elle appartiendra tout entière au parti vainqueur et la justice sera absolument uniforme ; mais il n'y aura d'impartialité nulle part.

Quant aux systèmes intermédiaires ils réuniront les inconvénients des deux systèmes extrêmes. Si, par exemple, vous faites nommer par régions, juges de paix, juges, conseillers et présidents de Bretagne seront tous blancs et tous partiaux, juges de paix, juges, conseillers et présidents de Provence tous bleus et tous partiaux ; et il y aura diversité ; mais il n'y aura que différentes couleurs de partialité.

Mais ceci est l'avenir, quoique probablement assez prochain. Restons dans le présent. Le présent, c'est encore le jury. Le jury a une parfaite compétence morale ; mais il a une parfaite incompétence technique. Il semble que la démocratie veuille toujours avoir son compte d'incompétence et si ce n'est pas d'une manière que ce soit d'une autre. Le jury est indépendant de tout ; il l'est du gouvernement ; il l'est du peuple et de la meilleure manière qui puisse être ; car il est le mandataire du peuple sans en être l'élu et il ne tient pas du tout à sa réélection, trouvant déjà que son élection est une aventure assez fâcheuse. D'autre part, partagé toujours entre deux sentiments, celui de la pitié et celui de la conservation, celui de la tendresse humaine et celui de la nécessité de la défense sociale, il est *également* touché par le verbiage de l'avocat et par celui du ministère public et ces deux influences se neutralisant il est dans les meilleures conditions morales pour bien juger.

C'est pour cela que le jury est de toute antiquité. À Athènes le tribunal des Héliastes était une espèce de jury, trop nombreux, ayant le caractère d'une réunion publique ; mais c'était une manière de jury.

À Rome il y avait, mais désigné par le prêteur et nous sommes ici dans une république plus réglée, des citoyens constitués comme juges des questions de fait, et c'est-à-dire appelés à décider si une action avait été commise ou n'avait pas été commise, si une somme avait été payée ou non, la question de droit étant réservée aux centumvirs.

En Angleterre le jury existe et fonctionne depuis des siècles.

Ces différents peuples ont pensé avec raison que les jurés sont dans les meilleures conditions morales pour bien juger, possédant la compétence morale autant que personne.

Il est vrai ; seulement ils ne comprennent rien. Il arrive qu'un jury, celui de la Côte-d'Or, en novembre 1909, ayant à juger un meurtrier déclare 1° que cet homme n'a pas porté de coups, 2° que les coups qu'il a portés ont entraîné la mort ; sur quoi on est bien forcé d'acquitter l'homme, dont les violences, quoique inexistantes, ont été meurtrières. Il arrive que, dans l'affaire Steinheil, également en novembre 1909, il ressort des déclarations du jury que personne n'a été assassiné dans la maison Steinheil et que du reste Mme Steinheil n'est pas la fille de Mme Japy, ce qui, si un verdict était un jugement, entraînerait d'une part la cessation de toutes recherches des assassins de Mme Steinheil et de Mme Japy, d'autre part de terribles complications d'état civil.

Mais un verdict n'est pas un jugement. Pourquoi ? C'est que le législateur a prévu la redoutable absurdité des verdicts. Il est donc de droit écrit que les verdicts des jurys sont présumés absurdes ; il est d'expérience qu'ils le sont en effet très souvent. Il semble que les décisions des jurys sont tirées aux dés comme celles du fameux juge de Rabelais. Il est proverbial au Palais qu'avec le jury on ne peut jamais prévoir l'issue d'une affaire. On dirait que le juré raisonne ainsi : « Je suis juge de hasard ; il est juste que mon jugement soit de hasard lui-même. "

On sait que Voltaire a réclamé le jury, par horreur des « Busiris ", ainsi qu'il appelait les magistrats de son temps ; mais, avec son étourderie habituelle, il n'a pas le soin de cacher et au contraire il déclare à plusieurs reprises que la population d'Abbeville et de la région d'Abbeville et que la population de Toulouse et de la région de Toulouse étaient *unanimement* déchaînées, celle-là contre La Barre et d'Etalonde, celle-ci contre Calas. Donc si l'on avait fait juger La Barre et d'Etalonde par un jury nécessairement tiré de la population d'Abbeville et de la population de Toulouse, il est probable qu'ils auraient été condamnés tout aussi bien qu'ils l'ont été par les « Busiris ".

Le jury n'est pas autre chose qu'un raffinement du culte de l'incompétence. La société, ayant à se défendre contre les voleurs et les meurtriers, donne le soin de la défendre à quelques citoyens, avec une arme qui est la loi ; seulement elle choisit pour cela des citoyens qui ne connaissent pas cette arme et c'est ainsi qu'elle se croit bien défendue.

Le juré est un rétiaire bien et dûment pourvu du filet, mais qui n'en connaît pas la manœuvre et qui n'en tire autre chose que d'y rester empêtré lui-même.

Inutile de dire que la démocratie suivant toujours sa pointe, car elle est merveilleuse à la suivre, fait à l'heure où nous sommes, descendre le jury d'un cran et transforme le jury bourgeois en jury ouvrier. Je n'y vois pour ma part aucun mal ; car en matière de lois l'ignorance et l'impéritie du bourgeois et l'ignorance et l'impéritie de l'ouvrier étant égales ; et du jury bourgeois au jury bourgeois-ouvrier et du jury bourgeois-ouvrier au jury ouvrier il n'y aura pas décadence ; ceci est noté seulement pour indiquer la tendance de la démocratie vers une incompétence qui est présumée de plus en plus grande.

Le présent, c'est encore les juges de paix.

Un exemple assez intéressant de la démocratie à la recherche de l'incompétence en matière judiciaire est le suivant :

Les juges de paix sont très souvent, à cause des frais qu'il faut que le plaideur fasse pour appeler de leur juridiction à une juridiction supérieure, des juges en dernier ressort. Ils sont donc des juges très considérables. Il serait donc très nécessaire qu'ils fussent instruits, qu'ils connussent du droit et de la jurisprudence. Par suite on les choisissait généralement parmi les licenciés en droit, les bacheliers en droit, les anciens clercs de notaire pourvus du « brevet de capacité ". Tout cela, à vrai dire, était assez faible comme garantie.

Par la loi du 12 juillet 1905, le Sénat français, désireux de trouver par ces fonctions une incompétence plus radicale, décida que pourraient être nommés juge de paix « ceux qui, à défaut de licence ou de baccalauréat en droit, ou de certificat de capacité, auront exercé pendant dix ans les fonctions de *maires* ou *adjoints* ou conseillers généraux. "

Il y avait dans cette décision le désir, très légitime et très honnête, de permettre aux sénateurs et députés de récompenser les services électoraux qui leur seraient rendus, par des places de juges de paix (songez que les sénateurs, particulièrement, sont nommés par les maires et adjoints de village). Mais il y avait surtout l'*application du principe.* Le principe est, comme nous savons, celui-ci : Où est l'incompétence absolue ? C'est à celui qui l'a sans contestation possible, qu'il faut confier la fonction.

Or les maires et adjoints répondaient intégralement à cette façon de considérer les choses. Les maires et adjoints, en France, doivent savoir signer ; mais il n'est nullement obligatoire qu'ils sachent lire ; et quatre-vingt fois sur cent, ils sont de purs illettrés dont l'instituteur de la commune fait tout le travail. Le Sénat était donc sûr d'avoir en eux des hommes radicalement incapables d'être juges de paix. C'est ce qu'il lui fallait. L'incompétence étant absolue, la fonction lui était due ; il la lui a donnée.

Certaines conséquences de cette institution éminemment démocratique ont paru émouvoir la magistrature et les pouvoirs publics. M. Barthou ministre de la Justice, sur la fin de l'année 1909, s'est plaint du travail que lui donne l'institution nouvelle. Il a dit aux députés : « Nous sommes ici pour nous dire réciproquement nos vérités et, avec toute la modération et toute la prudence qui conviennent, j'ai le droit de mettre la Chambre en garde contre les conséquences de la loi de 1905. À l'heure actuelle je suis assailli par les demandes de justices de paix. Je ne vous dirai pas qu'il y a quelque 9.000 dossiers au ministère de la Justice ; parce que je conviens que, parmi ces dossiers il peut s'en rencontrer quelques-uns qui, pour des raisons diverses, ne sont pas susceptibles d'un examen ; mais il y a, en chiffres ronds, 5.500 dossiers qui sont *appuyés*, qui sont *examinés*. [Ce qui veut dire qu'ils sont examinés parce qu'ils sont appuyés, ceux qui ne sont apostillés par aucun personnage politique étant classés sans examen, comme il est juste] et si vous prenez garde qu'il y a une moyenne annuelle de 180 vacances, vous apercevrez immédiatement la difficulté devant laquelle je me heurte. Or parmi ces candidatures il en est qui se présentent avec une force, je ne veux pas dire avec une âpreté singulière : ce sont les candidatures de ceux qui, pendant dix ans, ont exercé, quelquefois dans les plus petites communes, les fonctions de maire et les fonctions d'adjoint. "

Et le ministre de la Justice faisait connaître à MM. les députés le rapport d'un procureur général sur cette question.

Ce procureur général disait :

« Ce département compte quarante-sept juges de paix. D'un relevé nominatif que je viens d'établir il résulte que vingt de ces magistrats étaient maires au moment de leur nomination. Il ne faut pas être surpris si le nombre des candidats aux fonctions de la magistrature cantonale s'élève de plus en plus parmi les chefs des municipalités. Il semble admis dans ce département que les fonctions électives, en dehors de toute aptitude professionnelle, soient la voie d'accès normale aux fonctions rétribuées et spécialement aux places de juge de paix. Une fois nommés, les juges de paix cumulent du reste leurs nouvelles fonctions avec leur mandat municipal. Leur résidence effective est beaucoup plus dans la commune qu'ils administrent que dans le canton où ils rendent la justice et d'où ils ne doivent jamais s'absenter sans congé... Ces magistrats cantonaux n'hésitent pas parfois à tout mettre en œuvre pour arracher aux hommes politiques de l'arrondissement un appui moral qui est en somme la rançon de l'influence électorale dont ils disposent comme magistrats municipaux. Ils sont beaucoup plus rassurés par l'intervention éventuelle du député qu'inquiets des mises en demeure comminatoires du parquet. Les justiciables sont les intéressantes victimes de ces compromissions qui portent atteinte au bon renom du régime républicain. "

Les gémissements du ministre de la Justice et de son procureur général me paraissent bien peu justifiés. M. le ministre ne se plaint que d'avoir 9.000 dossiers sur les bras. Il ne laisse pas de lui être facile, soit en conformité avec le principe général, de nommer parmi les candidats ceux dont l'incompétence lui paraîtra la plus radicale ; soit, en conformité avec les usages, ceux qui lui paraîtront les plus *appuyés*.

Quant au procureur général il a des ironies qui lui paraissent spirituelles, mais qui sont empreintes de la plus divertissante naïveté : « Il semble admis que les fonctions électives, en dehors de toute aptitude professionnelle, soient la voie d'accès normale aux fonctions rétribuées... " Eh bien ! Il est éminemment démocratique que l'absence de toute capacité professionnelle désigne aux fonctions, puisque c'est l'esprit de la démocratie elle-même. Est-ce la capacité législatrice ou gouvernementale qui fait qu'on est électeur ?

Et il est éminemment démocratique aussi que les fonctions électives mènent aux fonctions rétribuées, puisque, d'après les principes démocratiques, toutes les fonctions rétribuées et du reste toutes les fonctions devraient être électives. Ce procureur général est aristocrate.

Quant aux services réciproques rendus par le juge de paix, en tant que maire, au député et par le député au juge de paix, tout simplement c'est tout le régime. Le régime, c'est : des députés répandant des faveurs pour être élus et réélus ; des électeurs influents mettant leur influence, soit personnelle, soit de fonctionnaires, au service des députés, pour en obtenir des faveurs ; et les uns et les autres faisant bloc.

Que voudrait donc le procureur général ? Un régime autre que celui-ci ? Mais, s'il vous plaît ce régime autre, quel qu'il fût, ne serait pas la démocratie, ou ce ne serait pas une démocratie démocratique. — Et je ne sais ce que M. le procureur général entend par le bon renom du régime républicain. Le bon renom du régime républicain consiste en ceci que la République soit réputée comme réalisant tous les principes démocratiques ; or jamais les principes démocratiques n'ont été plus précisément réalisés que dans l'exemple ci-dessus qu'il était très intéressant de relever et de livrer aux méditations des sociologues.

VIII
AUTRES INCOMPÉTENCES

J'ai dit que le culte de l'incompétence fait tache d'huile, se propage par contagion et il est assez naturel qu'étant endémique il soit épidémique et qu'étant au centre même et au noyau de l'Etat, à savoir dans sa constitution, il se répande dans les coutumes et dans les mœurs.

On sait en effet que le théâtre est l'imitation de la vie et que la vie est peut-être encore plus l'imitation du théâtre : de même les lois sortent des mœurs ; mais aussi, sinon encore plus, les mœurs sortent des lois. « Plusieurs choses gouvernent les hommes, dit Montesquieu, le climat, la religion, les lois, les maximes du gouvernement, les exemples des choses passées, les mœurs, les manières ; d'où il se forme un esprit général qui en résulte " ; et il y a entre ces différentes choses qui gouvernent les hommes des séries d'actions et de réactions réciproques.

Le plus souvent les mœurs font les lois, particulièrement en démocratie, ce qui du reste est déplorable ; mais Montesquieu n'a pas tort de dire aussi que « les mœurs représentent les lois et les manières représentent les mœurs " et que les lois peuvent au moins « contribuer à former les mœurs elles manières" et même «le caractère d'une nation " ; qu'une partie des mœurs des Romains à dater de l'Empire a tenu à l'existence du pouvoir arbitraire et qu'une partie des mœurs des Anglais tient à leur constitution et à leurs lois.

On sait que, par des lois, Pierre le Grand modifia profondément, sinon le caractère, du moins les coutumes et les mœurs de son peuple.

Les lois engendrent des coutumes et les coutumes engendrent des mœurs. Le « caractère " n'en est pas changé et je crois qu'il ne l'est jamais par rien ; mais il semble l'être et même il est, du moins, modifié, par ce que certaines parties de lui qui étaient refoulées sont mises en liberté et certaines parties de lui qui étaient libres en leur expansion sont refoulées : il y a eu un déclanchement. Il est évident pour tous que la loi qui a aboli le droit d'aînesse n'a point changé le caractère de la nation, mais en a changé les mœurs ce qui a eu, dans une certaine mesure, répercussion sur le caractère lui-même. Sentir dès l'enfance, même au-dessous du père, un chef, quelqu'un qui vous domine, qui est plus que vous par droit de naissance ; cela vous donne une mentalité particulière. Il est clair que les pays où existe le droit de tester ont des mœurs de famille très différentes de celles des pays où l'enfant est considéré comme copropriétaire du patrimoine.

On a remarqué que depuis la loi de divorce, très nécessaire du reste, mais triste nécessité, il y a beaucoup plus, incomparablement plus de demandes de divorce qu'il n'y avait auparavant de demandes de séparation. Cela tient-il à ce que, la séparation ne donnant qu'une libération relative, qu'un demi-affranchissement, on jugeait qu'il ne valait pas la peine de se mettre en mouvement pour si peu ? Je ne crois pas ; car lorsqu'il s'agit d'un joug insupportable il est naturel qu'on fasse autant d'efforts pour qu'il soit desserré, largement du reste, qu'on en ferait pour qu'il fût ôté.

La vérité, je crois, est que l'existence de la loi civile et son accord avec la loi religieuse donnaient aux individus une mentalité particulière relativement à l'affaire du mariage, faisaient qu'ils la considéraient comme quelque chose de sacré, comme un lien qu'il y avait une grande honte à rompre et qu'on ne pouvait rompre en effet que l'on n'y fût absolument contraint et forcé, presque sous peine de la vie. La loi établissant le divorce a été ce que nos pères eussent appelé une « indiscrétion " légale ; elle a ôté une pudeur. Sauf quand le sentiment religieux est fort, on n'a plus scrupule moral à divorcer ; on divorce sans honte. Il y a eu déclanchement : la pudeur a pris le dessous, le désir de la liberté ou d'une nouvelle union le dessus. De ce déclanchement une loi a été cause, une loi certainement effet de mœurs nouvelles ; mais qui, à son tour, a fait de nouvelles mœurs, ou étendu, répandu celles qui étaient en train de se faire.

C'est ainsi que la démocratie étend et répand cet amour de l'incompétence qui est sa caractéristique et comme sa faculté maîtresse. Ç'a été un jeu traditionnel chez les philosophes grecs de dépeindre avec gaîté les mœurs démocratiques et je veux dire les mœurs domestiques et personnelles qu'ils considéraient comme inspirées et entretenues par l'état démocratique. À cet égard ils rivalisent tous avec Aristophane. « Je suis content de moi, dit un personnage de Xénophon, à cause de ma pauvreté. Quand j'étais riche j'étais obligé de faire ma cour aux calomniateurs, sachant bien que j'étais plus susceptible de recevoir du mal d'eux que capable de leur en faire. Et puis la République me demandait toujours quelque nouvelle somme ; et puis je ne pouvais pas m'absenter. Depuis que je suis pauvre, j'ai acquis de l'autorité ; personne ne me menace ; je menace les autres ; je suis libre de m'en aller ou de rester. Les riches se lèvent devant moi et me cèdent le pas. J'étais esclave ; je suis un roi ; je payais un tribut à la République ; aujourd'hui elle me nourrit ; je ne crains plus de perdre, j'espère acquérir... "

Platon s'amuse de même : « En vérité cette forme de gouvernement a bien l'air d'être la plus belle de toutes et cette prodigieuse diversité de caractères pourrait bien paraître d'un admirable effet... À juger sur le premier coup d'œil, n'est-ce pas une condition bien douce et bien commode de ne pouvoir être contraint d'accepter aucune charge publique quelque mérite que l'on ait pour la remplir, de n'être soumis à aucune autorité si vous le voulez et d'être juge ou magistrat si la fantaisie vous en prend ? N'est-ce encore quelque chose d'admirable que la douceur avec laquelle on y traite certains condamnés ? N'as-tu pas vu, dans quelque état de ce genre des hommes condamnés à la mort ou à l'exil rester dans le pays et se promener en public avec une démarche et une contenance de héros, comme si personne ne faisait attention à eux ? Et ces maximes que nous traitions, nous, avec tant de respect en traçant le plan de notre République, quand nous assurions qu'à moins d'être doué d'un excellent naturel, si l'on n'a vécu dès les jeux de l'enfance au milieu du bien et de l'honnêteté et si l'on n'en a fait ensuite une étude sérieuse, jamais on ne deviendra vertueux ; ces maximes, quelle condescendance généreuse, quelle large façon de penser montrent nos démocrates dans le mépris qu'ils leur témoignent ! Avec quelle grandeur d'âme ils foulent aux pieds ces maximes, ne se mettant jamais en peine d'examiner quelle a été l'éducation de ceux qui s'ingèrent dans le mouvement des affaires ! Quel empressement, au contraire, à les accueillir et à les honorer, pourvu qu'ils se disent pleins de zèle pour les intérêts du peuple ! Cela suppose une haute générosité. — Tels sont avec d'autres, analogues, les avantages de la démocratie. C'est un gouvernement très agréable *où l'égalité règne entre les choses inégales comme entre les choses égales...* [Or] lorsqu'un Etat démocratique, dévoré d'une soif ardente de la liberté est gouverné par de mauvais échansons qui la lui versent toute pure et la lui font boire jusqu'à l'ivresse, alors si les gouvernants ne portent pas la complaisance jusqu'à lui verser de la liberté tant qu'il veut, le peuple les accuse et les châtie sous prétexte que ce sont des traîtres qui aspirent à l'oligarchie... il vante et honore l'égalité qui confond les magistrats avec les citoyens. Se peut-il dès lors que dans un pareil Etat l'esprit de liberté ne s'étende pas à tout ? Se peut-il que l'esprit d'indépendance et d'anarchie ne pénètre pas dans l'intérieur des familles ?... [Et ainsi] les pères s'accoutument à traiter leurs enfants comme leurs égaux et même à les craindre, ceux-ci à s'égaler à leurs pères et à n'avoir pour eux ni crainte ni respect ; et les citoyens et les simples habitants et les étrangers mêmes aspirent aux mêmes droits... Et les maîtres, dans cet Etat, craignent et ménagent leurs disciples et ceux-ci se moquent de leurs maîtres et de leurs gouverneurs. Et les jeunes gens veulent aller de pair avec les vieillards et les vieillards descendent aux manières des jeunes gens et s'étudient à copier leurs façons dans la crainte de passer pour des gens d'un caractère morose et despotique... Et il faut remarquer à quel point de liberté et d'égalité sont les relations entre les hommes et les femmes. Et l'on aurait peine à croire, à moins de l'avoir vu, combien les animaux, même, qui sont à l'usage des hommes, sont plus libres là que partout ailleurs. De petites chiennes — et c'est un proverbe — y sont sur le même pied que leurs maîtresses et les chevaux et les ânes, accoutumés à marcher tête levée et sans se gêner heurtant tous ceux qu'ils rencontrent si on ne leur cède le passage. "

Aristote, infidèle sur ce point à sa méthode favorite qui était de dire toujours le contraire de

Platon, n'a aucune tendresse, nous l'avons déjà vu, pour l'aristocratie. Très froid, rarement humoriste, sarcastique jamais, il ne fonce par sur elle, comme Platon, mais il ne la ménage nullement.

D'abord, il est esclavagiste très affirmatif. Cela ne le distingue d'aucun philosophe ancien, Sénèque à demi excepté ; mais il est esclavagiste avec une insistance et une énergie qui lui est, en vérité, particulière, Par lui l'Esclavage n'est pas seulement une des bases, il est la base même, essentielle, absolument indispensable, de la société antique.

À un degré plus haut, il tient les artisans pour des espèces de demi-esclaves. Il affirme historiquement que ce ne sont que les démocraties tombées en corruption qui leur ont accordé les droits de citoyen ; et théoriquement il soutient que jamais une bonne république ne leur donnera le droit de cité. « Chez certains peuples, les artisans n'étaient point admis aux magistratures avant les excès de la démocratie, Dans les temps anciens certains peuples considéraient les artisans comme des esclaves ou des étrangers ; et c'est pour cela qu'aujourd'hui encore la plupart des artisans sont considérés comme tels. Ce qu'il y a de certain, c'est que la cité modèle n'admettra jamais l'artisan au nombre des citoyens... "

Sans doute la démocratie est à la rigueur un gouvernement (« ... si l'on compte la démocratie au nombre des gouvernements..., ") ; sans doute « il est possible que ceux qui composent la multitude, bien que chacun d'eux ne soit pas un homme supérieur, l'emportent quand ils sont réunis sur les hommes éminents, non pas comme individus, mais comme masse... Voilà pourquoi la multitude juge mieux les œuvres des musiciens et des poètes ; car l'un apprécie une partie, l'autre une autre et tous apprécient le tout [Notez qu'il parle toujours d'une *démocratie* dont ne font partie ni les esclaves ni les artisans.] Sans doute on peut considérer la démocratie comme « le plus tolérable des gouvernements dégénérés " et Platon « quoique se plaçant à un autre point de vue [qu'Aristote] a assez bien conclu en disant que la démocratie est le plus mauvais des bons gouvernements, mais est le meilleur entre les mauvais. " Mais aussi, il est difficile de ne pas la considérer comme une erreur sociologique. Il est faux que la cité trouve son compte « à ce qu'on élève au rang de citoyens tous les hommes, même utiles, tous ceux dont la cité a besoin pour exister. "

Elle a ce défaut bien sensible qu'elle ne peut pas, en quelque sorte constitutionnellement, supporter, garder en son sein, les hommes supérieurs.

En démocratie « Si un citoyen a une telle supériorité de mérite, ou si plusieurs citoyens sont tellement supérieurs qu'on ne puisse comparer à ceux des autres ni le mérite ni l'influence de ce citoyen ou de ces citoyens, on ne peut plus les regarder comme faisant partie de la cité. Ce serait leur faire tort que de les y admettre sur le pied de l'égalité, eux qui l'emportent tant sur les autres ; il semble qu'un être de cette espèce doive être considéré comme un Dieu parmi les hommes. On voit bien que les lois ne sont nécessaires que pour les hommes égaux par leur naissance et par leurs facultés et que pour ceux qui s'élèvent à ce point au-dessus des autres il n'y a point de loi : ils sont eux-mêmes leur propre loi ; celui qui prétendrait leur imposer des règles se rendrait ridicule ; et peut-être seraient-ils en droit de lui dire ce que les lions d'Antisthène répondirent aux lièvres qui plaidaient la cause de l'égalité entre tous les animaux. *C'est pour cette raison* que l'ostracisme a été établi dans les Etats démocratiques qui sont plus que tous les autres jaloux de l'égalité. Dès qu'un citoyen semblait s'élever au-dessus des autres par son crédit, par ses richesses, par le nombre de ses admirateurs ou par toute influence politique, l'ostracisme le frappait et l'éloignait de la cité. Il était comme Hercule, que les Argonautes délaissèrent parce qu'Argo, leur navire, déclarait qu'il était trop lourd pour qu'il pût le porter. "

Thrasibule, tyran de Milet, demanda à Périandre, tyran de Corinthe, un des sept sages de la Grèce, des conseils de gouvernement. Périandre ne répondit rien ; mais nivela un champ de blé en coupant les épis qui s'élevaient au-dessus des autres. « Ce ne sont pas seulement les tyrans qui ont intérêt à faire cela et qui le font : il en va tout de même dans les Etats oligarchiques et dans les États démocratiques : l'ostracisme y produit à peu près les mêmes résultats en empêchant les citoyens de trop s'élever et en les exilant. "

C'est là comme une nécessité constitutionnelle de la démocratie.

À la vérité, elle n'est pas toujours forcée d'exiler ou de faire tomber les têtes des blés ; elle peut, pour ainsi parler, exiler à l'intérieur, c'est-à-dire refuser systématiquement toute élévation et même toute fonction sociale à l'homme qui montrera une supériorité de quelque genre que ce soit, de naissance, de richesses, de vertu ou de talent. C'est l'ostracisme « à la muette ", comme dit le peuple. J'ai quelquefois fait remarquer que sous la première démocratie Louis XVI avait été guillotiné pour avoir voulu quitter le territoire et que sous la troisième démocratie ses petits-neveux avaient été expulsés du territoire pour avoir voulu y rester. Ceci c'est l'ostracisme qui se cherche et qui se contredit parce qu'il hésite. Il se cherchera et il hésitera encore ; mais il en viendra, régularisé, à ramener à l'impuissance, par tel ou tel système de compression, tout ce qui sera puissance individuelle grande on petite, tout ce qui s'élèvera, peu ou prou, au-dessus du commun niveau. C'est l'ostracisme ; il est un organe physiologique, pour ainsi parler, des démocraties. À en user, elles mutilent le pays, il est vrai ; à s'en passer elles se mutileraient elles-mêmes.

Aristote se pose souvent cette question de « l'homme éminent ". L'homme éminent, dit-il, diffère de l'individu pris dans la foule comme la beauté diffère de la laideur, comme un beau tableau diffère de la réalité, quelques fragments de beauté, du reste, qui existent dans le réel... « Est-il vrai que dans toute espèce de peuple la différence entre la foule et le petit nombre soit toujours la même. C'est ce qui est incertain mais peu importe... Notre observation reste juste [qu'il y a la différence que nous avons dite]. Aussi peut-elle servir à résoudre la question proposée : de quelle autorité doit être investie la masse des citoyens ? Leur donner accès aux grandes magistratures n'est pas sûr ; car on doit craindre qu'ils ne commettent des injustices, faute de probité, ou des erreurs, faute de lumière. D'un autre côté à les exclure de tous les emplois, il y a le danger de faire à l'État trop d'ennemis. Il reste donc à faire sa part à la multitude dans les délibérations... C'est pour cela que Solon... Mais, pris à part, chaque citoyen de cette classe est incapable de juger. "

Ce n'est pas seulement « l'homme éminent " qui gêne les démocraties ; c'est toute espèce de force individuelle ou collective, qui est en dehors de l'État, en dehors du gouvernement.

Si l'on se rappelle qu'Aristote a assimilé la démocratie en son état aigu à la tyrannie, on trouvera intéressant le tableau en raccourci qu'il trace des *moyens* de la tyrannie : « réprimer ceux qui ont quelque supériorité, faire mourir les hommes qui ont des sentiments généreux, ne permettre ni les repas en commun, *ni les associations d'amis, ni l'instruction* [sauf celle qu'elle donne] ni rien de pareil, éviter toutes ces habitudes qui sont propres ordinairement à faire naître la grandeur d'âme et la confiance, *ne tolérer ni assemblées* , ni aucune des réunions où les hommes occupent leurs loisirs, *tout faire pour que les citoyens soient autant que possible inconnus les uns des autres* ." — Les conclusions d'Aristote sont *personnellement* aristocratiques : « La cité parfaite nous présente une difficulté très gênante. Dans le cas d'une supériorité manifestement reconnue, non pas en fait d'avantages ordinaires tels que la force, la richesse ou le grand nombre de partisans, mais en vertu, que faut-il faire ? Car enfin on ne peut pas dire qu'il faille bannir de l'Etat celui qui a une supériorité de ce genre. D'un autre côté on ne peut pas non plus le soumettre à l'autorité ; ce serait vouloir commander à Jupiter et partager avec lui la puissance. Le seul parti qui reste à prendre c'est que tous consentent de bon cœur, ce qui semble naturel, à lui obéir et à donner l'autorité, à perpétuité dans les Etats, aux hommes qui lui ressemblent ". — Mais *objectivement*, pour ainsi parler, et se plaçant en face des divers gouvernements qui se partagent l'humanité, Aristote a une autre conclusion que nous aurons l'occasion de rencontrer et de mettre convenablement en lumière.

Chez les modernes, Rousseau, qui affirmait qu'il n'était pas démocrate et qui avait raison parce que ce qu'il appelait « Démocratie " c'était le régime athénien, le gouvernement direct, dont il ne voulait point du tout ; Rousseau qui a tracé, dans le *Contrat social*, le schéma le plus précis, malgré certaines contradictions et obscurités, du gouvernement démocratique au sens que nous donnons à ce mot, mais de qui encore on ne peut pas savoir s'il est formellement démocrate parce qu'on ne sait pas ce qu'il entend par « citoyens " et si c'est tout le monde ou si c'est seulement une classe, nombreuse à la vérité, de la nation ; Rousseau a, plus que tout autre, parlé, non point précisément de l'influence de la démocratie sur les mœurs, mais *de l'accord*, pour ainsi dire, de la démocratie avec les bonnes mœurs. Egalité, frugalité, simplicité, voilà *ce qu'on trouve* selon lui dans les Etats qui n'ont ni royauté, ni aristocratie, ni ploutocratie ; il semble que du même fond de vertu qui fait que certains peuples aiment l'égalité, la frugalité et la simplicité sorte aussi un régime exclusif de l'aristocratie de la ploutocratie et de la royauté : aimez la simplicité, la frugalité et l'égalité et il est probable que vous vivrez en république démocratique ou sensiblement démocratique. Voilà le résumé le plus impartial, je crois et le plus clair, que l'on puisse faire de la doctrine, toujours fuyante sous des formules rigides, de Rousseau.

En cela il n'est qu'un élève, beaucoup plus fidèle qu'il ne veut l'avouer, de Montesquieu. Tout ce que je viens de dire est littéralement dans tous les chapitres de Montesquieu qui sont relatifs à la démocratie et son fameux mot de « vertu principe des républiques ", quand il le prend dans un certain sens, n'est pas autre chose que la synthèse de ces trois perfections : égalité, simplicité, frugalité. Car Montesquieu prend « vertu " tantôt dans un sens restreint, tantôt dans un sens large, tantôt dans le sens de vertu politique (civisme et patriotisme) tantôt dans le sens de vertu proprement dite (simplicité, frugalité, épargne, égalité) — et dans ce second cas, Montesquieu et Rousseau sont absolument d'accord.

Seulement Montesquieu envisage aussi, comme il fait tous les gouvernements, la démocratie décadente et résumant, sans le citer, le tableau qu'en a tracé Platon et que nous avons vu plus haut, il écrit : « Le peuple voulant faire les fonctions des magistrats, on ne les respecte plus ; les délibérations du Sénat n'ayant plus de poids, on n'a plus de respect pour les sénateurs ni par conséquent pour les vieillards. Que si l'on n'a pas de respect pour les vieillards on n'en aura pas non plus pour les pères : les maris ne méritent pas plus de déférence, ni les maîtres plus de soumission. Tout le monde parviendra à aimer ce libertinage ; la gêne du commandement fatiguera comme celle de l'obéissance. Les femmes, les enfants et les esclaves n'auront plus de soumission pour personne. Il n'y aura plus de mœurs, plus d'amour de l'ordre, enfin plus de vertu. "

Or, pour ce qui est de cette transition, de ce passage des mœurs publiques de la démocratie aux mœurs privées, domestiques et personnelles régnant dans l'Etat démocratique, remarquez-vous la racine commune des défauts publics et des défauts privés ? Cette racine commune c'est la méconnaissance, c'est l'oubli, c'est le mépris de la compétence. Si les élèves méprisent leurs maîtres, les jeunes gens les vieillards, les femmes leurs maris, les métèques les citoyens, les condamnés leurs condamnateurs, les fils les pères; c'est que l'idée de la compétence a disparu ; c'est que les élèves n'ont pas le sentiment de la supériorité scientifique de leurs professeurs, les jeunes gens, le sentiment de la supériorité expérimentale des vieillards, les femmes le sentiment de la supériorité de leurs maris au point de vue de la vie pratique, les métèques le sentiment de la supériorité des citoyens au point de vue de la tradition nationale, les condamnés le sentiment de la supériorité morale de leurs juges, les fils le sentiment de la supériorité scientifique, expérimentale, civique et morale de leurs pères.

Et comment l'auraient-ils, ou l'auraient-ils bien profond, bien permanent et bien stable, puisque la cité elle-même est fondée sur l'insouci de la compétence, si tant est qu'elle ne le soit pas sur le respect de l'incompétence elle-même et sur le besoin continu et persistant et universel de la rechercher comme guide et comme reine ?

Et c'est ainsi que les mœurs publiques ont leur influence, et considérable, sur les mœurs privées, sur les mœurs proprement dites et que, dans la famille, dans le « monde ", dans les relations quotidiennes entre les citoyens se glisse peu à peu ce relâchement que Platon appelle spirituellement « l'égalité entre les choses égales et aussi entre les choses qui ne le sont pas. " — Dans la famille ce que l'Etat démocratique apporte d'abord ou ce qu'il favorise, c'est l'esprit d'égalité entre les deux sexes et par conséquent c'est l'irrespect de la femme à l'égard de l'homme. Notez qu'en son fond cette idée est très juste ; mais c'est relativement aux questions de compétence qu'elle cesse de l'être. La femme est parfaitement l'égale de l'homme en tant que facultés cérébrales, et, en état de civilisation où les facultés cérébrales comptant seules, la femme est parfaitement l'égale de l'homme. Partout dans la société elle doit être admise, aux mêmes emplois que l'homme dans les mêmes conditions de capacité et d'instruction ; mais dans la famille il est clair qu'il doit y avoir, comme dans toute entreprise : 1° division du travail selon les compétences : 2° reconnaissance d'un chef selon les compétences. C'est cette loi qu'en régime démocratique les femmes sont amenées à méconnaître continuellement. Elles n'admettent pas le partage du travail en travail extérieur et travail domestique et prétendent s'immiscer dans le travail extérieur, dans le métier de l'homme, qu'elles feraient peut-être très bien si elles avaient à le faire et si elles n'avaient à faire que lui, qu'elles gênent et gâtent en prétendant s'y mêler alors qu'elles ont autre chose à mener à bien. — Elles n'admettent pas la direction générale de l'entreprise par l'homme et prétendent, non seulement être associées, mais être chefs de l'entreprise. Ceci est le mépris de la compétence conventionnelle ou de la compétence contractuelle. La femme serait sans doute aussi bon percepteur que son mari; mais, du moment que l'on s'est mis à deux, l'un pour administrer une perception et l'autre pour diriger une maison, que celui qui dirige la maison veuille s'occuper de la perception, c'est aussi mauvais que si celui qui s'est chargé d'administrer la perception s'occupait de la cuisine et de l'achat des subsistances; il faut respecter ici la compétence conventionnelle et contractuelle, qui devient très vite, par l'habitude et l'exercice une compétence très véritable et très réelle, que gêne, altère et désorganise une intervention étrangère.

Surtout par le mépris, non pas même déguisé, de cette compétence contractuelle, puis acquise et par la méconnaissance du rôle de chef de famille, les femmes habituent quotidiennement, minutieusement, les enfants au mépris des pères. Les enfants sont comme élevés par la démocratie dans le mépris de leurs pères et de leurs mères. Il n'y a en vérité pas d'autre mot, quelque innocentes, quelque bonnes même que soient ses intentions. Comptez, en effet. D'abord la démocratie nie cette première compétence : l'habileté des morts à guider et conduire les vivants ; c'est une de ses maximes essentielles et fondamentales qu'une génération ne saurait être liée par celles qui l'ont précédée. Quelle conclusion veut-on que les enfants tirent, soit de cette maxime, soit de toutes les applications de cette maxime qu'ils voient autour d'eux, si ce n'est qu'ils ne sont liés en rien à la génération qui les précède, c'est-à-dire à leur père et à leur mère ?

Naturellement les enfants n'ont déjà que trop, ou ont déjà assez de tendances à tenir en petite estime leurs parents. Fiers de leur supériorité physique et de ce sentiment qu'ils montent et que leurs parents descendent, imbus de ce préjugé universel de l'humanité moderne *qu'il y a toujours progrès* et que par conséquent ce qui est d'hier est toujours inférieur par définition à ce qui est d'aujourd'hui ; poussés aussi, je l'ai toujours cru, par une certaine Némésis qui est persuadée que la science et la puissance humaines iraient trop vite si les enfants prenaient le chaînon juste au moment où leurs pères le quittent et continuaient tout simplement leur père et ne commençaient pas par effacer tout ce que leurs pères ont fait, pour recommencer, ce qui fait que l'édifice reste toujours près de ses fondements ; pour toutes ces raisons les enfants ont une tendance naturelle à traiter leurs parents de Cassandres. Or la démocratie y ajoute cet enseignement que les générations sont indépendantes les unes des autres et que les morts n'ont rien à enseigner aux vivants.

En second lieu la démocratie, se fondant d'abord sur cette même idée, ensuite sur cette idée que l'Etat est maître de tout, soustrait l'enfant à sa famille autant qu'elle le peut : « La démocratie, a dû dire Socrate, dans quelqu'un de ses dialogues humoristiques, est un saltimbanque voleur d'enfants. Elle soustrait l'enfant à sa famille pendant qu'il joue ; elle l'emmène au loin et ne lui permet plus de voir sa famille ; elle lui apprend plusieurs langues étrangères, elle le disloque et le désarticule ; elle le farde ; elle le revêt d'un costume étrange ; elle lui révèle tous les mystères de l'acrobatie et le rend capable de paraître devant le public et de le divertir par des tours. "

Tant y a que la démocratie tient essentiellement à soustraire l'enfant à sa famille, à lui donner l'éducation qu'elle a choisie et non que les parents choisissent et à lui enseigner ainsi qu'il ne faut pas croire ce que ses parents lui enseignent. Elle nie la compétence des parents en y substituant la sienne et en assurant que seule la sienne vaut.

Ceci est encore une des grandes causes de la séparation des pères et des enfants en régime démocratique.

On me dira que, dans cette mission qu'elle se donne de séparer les enfants des pères, la démocratie ne réussit pas toujours, parce que le même mépris que les enfants ont, pour tant de causes, à l'égard de leurs parents, rien n'empêche qu'ils ne l'aient à l'égard de leurs professeurs.

Rien de plus juste et les maximes générales de la démocratie ne vont pas moins à faire mépriser les maîtres par les disciples que les parents par les fils. Le maître, lui aussi, est aux yeux de l'élève le passé qui ne lie pas le présent et le passé qui, de par la loi du progrès, est très inférieur à l'actuel. Il est vrai ; mais le fait de combattre à l'école les parents, qui, à domicile, combattent l'école, amène l'enfant à être un personnage qui, entre ces influences, contraires, n'aura pas été élevé du tout. Il en sera de lui comme de l'enfant qui dans sa famille même, aura reçu les leçons, surtout l'exemple, d'une mère croyante et d'un père athée. Il n'est pas élevé ; il n'a reçu aucune espèce d'éducation. La seule éducation et c'est-à-dire la seule transmission aux fils des idées générales de leurs parents, consiste en une éducation de famille soutenue d'une éducation donnée par des maîtres que la famille a choisis selon son esprit. C'est précisément ce à quoi la démocratie n'aime point se résoudre.

À plus forte raison en régime démocratique les vieillards ne sont ni respectés ni honorés. Encore une compétence niée formellement et formellement écartée. Il y aurait à écrire un traité, qui pourrait être assez curieux, sur la grandeur et la décadence des vieillards. Les vieillards n'ont pas à se louer de la civilisation. Dans les temps primitifs, comme encore aujourd'hui chez les sauvages, les vieillards sont rois. La gérontocratie est la plus ancienne forme de gouvernement. Cela se comprend assez, puisque toute science, dans les temps primitifs est expérience et que les vieillards ont ainsi en eux toute la science historique, sociale et politique de la cité. Aussi sont-ils en très grand honneur et écoutés avec le plus grand respect, la plus grande attention, presque avec superstition. Nietzsche se rappelle ces temps quand il dit : « Signe de noblesse, signe d'aristocratie, le respect des vieillards ". Et il se rappelle aussi la raison de ce préjugé quand il ajoute : « Le respect des vieillards, c'est le respect de la tradition. " Comme on acceptait d'instinct le gouvernement des morts sur les vivants, ce qu'on honorait chez les vieillards, c'était d'être à moitié morts :

Le vieillard qui remonte à la source première
Oiseaux, vous chantez à tort vos jours changeants ;
Mais aux yeux du vieillard on voit de la lumière.

Plus tard le vieillard *partagea* avec la royauté, ou avec l'oligarchie, ou avec l'aristocratie, le gouvernement des affaires civiles et conserva presque tout le gouvernement des affaires juridiques. On appréciait sa compétence morale et sa compétence technique. Sa compétence morale consistait, pour les hommes de ces époques, en ce que ses passions sont amorties et son jugement aussi désintéressé que peut être un jugement humain.

Son entêtement même n'est pas une mauvaise chose ou est une chose plutôt bonne que mauvaise. Il est exclusif de versatilités, de caprices, de mouvement d'humeur et d'obéissance trop facile aux influences. Sa compétence technique est considérable, parce qu'il a beaucoup vu, beaucoup retenu, beaucoup comparé et qu'il s'est fait, en quelque sorte, inconsciemment, un répertoire des cas. Or l'histoire recommençant toujours avec des variantes, somme toute, assez légères, chaque nouveau cas qui se présente est pour lui un cas connu, un cas ancien, qui ne l'étonne point et pour lequel il a une solution qu'il s'agit seulement de modifier légèrement pour l'accommoder.

Mais ceci se passait dans des temps très anciens.

Ce qui a miné peu à peu l'autorité du vieillard, c'est le livre. Le livre renferme la science acquise, le droit, la jurisprudence, l'histoire, mieux sans doute que le vieillard ne les peut contenir. Les jeunes gens, un jour, se sont dit : nos vieillards à nous, ce sont les livres ; et, ayant nos livres, nous n'avons plus besoin des vieillards.

C'était une erreur : la science livresque n'est jamais qu'une auxiliaire de la science vivante, de la science qui est toute mêlée et toute combinée avec la pensée active qui l'assouplit et qui la vérifie en la repensant. Le livre est un savant paralysé ; le savant est un livre qui continue de se penser et de s'écrire.

Mais ces idées ne s'imposèrent point et le livre fit tort au vieillard et le vieillard ne fut plus la bibliothèque nationale.

Plus tard encore, pour plusieurs raisons, le vieillard glissa du respect dans le ridicule. Convenons de bonne grâce qu'il prête à cela : il est entêté, il est maniaque, il est verbeux, il est conteur, il est ennuyeux, il est grondeur et son aspect est désagréable. Ce sont les auteurs comiques qui, en s'emparant de ces défauts, qui ne sont que trop réels, lui portèrent les coups les plus sensibles. Comme la majorité de tous les publics est composée de jeunes gens, d'abord parce qu'il y a plus de jeunes gens que de vieillards, ensuite parce que les vieillards fréquentent peu le théâtre, les auteurs comiques étaient sûrs de succès faciles en tournant les vieillards en ridicule ou plutôt en ne montrant d'eux que les ridicules dont il est vrai qu'ils sont chamarrés.

À Athènes, à Rome, probablement ailleurs, le vieillard fut un des principaux personnages grotesques. Ces choses, comme Rousseau l'a bien remarqué, ont un grand retentissement sur les mœurs. Une fois classé personnage ridicule, et traditionnel comme personnage ridicule, le vieillard fut destitué de son autorité sociale. On voit très bien dans le *de Senectute* de Cicéron que l'auteur remonte un courant, réagit, réhabilite et, pour un personnage qui n'est plus sympathique, plaide les circonstances atténuantes.

Il est remarquable que dans les épopées, même, du moyen âge, Charlemagne lui-même, l'empereur à la barbe fleurie, joue assez souvent un personnage ridicule. L'épopée se ressent du voisinage du fabliau.

Avec la Renaissance, le XVIIe siècle et le XVIIIe, le vieillard est je ne dis pas toujours, mais le plus souvent figure à nasardes.

Successeur d'Aristophane et de Plaute plus que de Térence, Molière est le fléau de la vieillesse autant que « le fléau du ridicule " ; il poursuit le vieillard comme un chien fait sa proie et jamais dans ses vers il ne les laisse en paix, ni dans sa prose.

Il faut rendre cette justice à Rousseau et à sa fille qu'ils ont essayé de réhabiliter le vieillard ; il lui fait une belle place dans ses œuvres et elle lui accorde une large place, et honorable, dans ses cérémonies publiques et ses fêtes nationales. Les souvenirs antiques sont là, ceux de Lacédémone et des commencements de Rome ; et aussi c'est là une des formes de la réaction contre le temps de Louis XIV et celui de Louis XV.

Mais la démocratie triomphante a mis définitivement le vieillard au dernier rang de la considération. Elle a oublié le conseil que Montesquieu lui donne quand il dit que *dans une démocratie* (Voir le contexte, Lois, v. 8.) « rien ne maintient plus les mœurs qu'une extrême subordination des jeunes gens envers les vieillards. Les uns et les autres seront contenus, ceux-là par le respect qu'ils auront pour les vieillards et ceux-ci par le respect qu'ils auront pour eux-mêmes " [et que le respect des jeunes gens pour eux entretiendra].

La Démocratie a oublié ce conseil, parce qu'elle ne croit pas à la tradition et croit un peu trop au progrès. Or les vieillards sont naturellement conservateurs de la tradition et il faut convenir que leur défaut n'est pas d'avoir une foi trop véhémente au progrès. C'est précisément pour cela que leur influence serait un excellent correctif dans un régime et surtout dans une mentalité générale où le passé est trop méprisé et où tout changement est considéré comme un progrès. Mais la démocratie n'admet guère qu'elle ait besoin de correctif et pour elle le vieillard n'est que l'ennemi. Outre qu'il est traditionnel et peu affamé de progrès, il aime le respect, en général, parce qu'il l'aime d'abord pour lui ; il l'aime pour la religion, pour la gloire, pour le pays, pour l'histoire nationale. La démocratie n'aime pas le respect ; c'est un sentiment qu'elle craint toujours qui ne s'applique à autre qu'elle.

— Mais, qu'est-ce qu'elle réclame donc pour elle-même ?

— Point le respect ; la ferveur, la passion, l'amour, le dévouement. Chacun aime qu'on ait pour lui les sentiments qu'il éprouve lui-même.

La foule ne respecte pas : elle aime, elle s'échauffe, elle s'enthousiasme, elle se fanatise ; elle ne respecte pas, même ce qu'elle aime.

Au fait il est naturel que le peuple n'aime pas les vieillards ; il est un jeune homme. Avez-vous remarqué comme tous les traits dont Horace peint le jeune homme s'appliquent au peuple exactement :

Imberbis juvenis, tandem custode remoto,
Gaudet equis canibusque et aprici gramine campi ;
Cereus in vitium flecti, monitoribus asper,
Utilium tardus provisor, prodigus æris,
Sublimis, cupidusque et amata relinquere pernix.

« Débarrassé de son gouverneur il ne rêve que chevaux, que chiens, que Champ de Mars : il est de cire aux impressions du vice et se raidit contre les remontrances ; s'occupant peu de provisions utiles, prodigue d'argent, présomptueux, bouillant dans ses désirs et prompt à se détacher de ce qu'il a aimé. "

Quoi qu'il en soit, le respect est peu son fait et quand il règne ce n'est pas du respect que son exemple donne leçon. Le vieillard n'a pas dans la démocratie une amie fervente. Il est à noter que le mot *gérontocratie*, qui était pris fort au sérieux et avait la signification la plus honorable chez les anciens, n'a maintenant qu'un sens ridicule et désigne un gouvernement qui, étant réservé aux vieillards, sera le plus grotesque du monde.

Cette disparition du respect, signalée, nous l'avons vu, par Platon, par Aristote et par Montesquieu comme un symptôme morbide, est tout au moins une chose assez grave. Kant, se demandant à quoi il faut obéir, à quel critérium se reconnaît ce à quoi, en nous-mêmes, nous devons obéir, a répondu : à ce qui, en nous, commande le respect et ne commande rien que le respect, à ce qui, en nous, ne demande pas qu'on l'aime, ou qu'on le craigne ; mais à ce qui, en nous, nous paraît respectable ; c'est le sentiment du respect qui seul, en cela, ne trompe pas.

De même dans la vie sociale c'est aux sentiments qui commandent le respect qu'il faut obéir et ce sont les hommes qui inspirent le respect qu'il convient d'honorer et d'écouter. C'est ce critérium qu'il faut prendre pour connaître à quoi et à qui doit s'appliquer, sinon notre obéissance absolue, du moins notre attention et notre déférence. Les vieillards sont la conscience de la nation. C'est une conscience sévère, morose, vétilleuse, opiniâtre, scrupuleuse, sermonneuse et qui répète toujours la même chose ; enfin c'est une conscience ; mais c'est la conscience.

La comparaison peut se poursuivre et pour autre chose que pour le divertissement de la continuer. On altère la conscience et on la corrompt à ne pas la respecter. Elle finit par se faire petite, humble, timide, retirée et à parler à voix basse ; car on n'obtient jamais qu'elle se taise absolument.

Elle devient même sophistique ; elle prend le langage des passions, non point des passions basses, mais enfin des passions ; elle cesse d'être impérieuse pour devenir persuasive ; elle n'a plus le doigt levé, elle se fait une main caressante.

Elle tombe plus bas : elle affecte l'indifférence, le scepticisme, le dilettantisme ; pour glisser une parole sage à travers les séductions et les *lenocinia* , elle vous dit, ou à peu près : « il est probable que tout se vaut, que vice et vertu, crime et probité, péché et innocence, brutalité et politesse, libertinage et pureté sont des formes diverses d'une activité qui ne saurait se tromper absolument dans aucune de ses expansions ; mais c'est précisément parce que tout se vaut qu'on n'a rien à perdre à être honnête homme et peut-être vaut-il mieux l'être. "

Tout de même la nation qui ne respecte pas ses vieillards les altère, les corrompt et les enlaidit. Que Montesquieu parle bien quand il dit que le respect des jeunes gens aide les vieillards à se respecter eux-mêmes ! Les vieillards non respectés se désintéressent de leur office naturel ; ils donnent leur démission de conseillers ; ou bien ils ne conseillent que par détours et comme en demandant pardon de leur sagesse ; ou bien ils affectent une morale presque relâchée pour glisser comme subrepticement quelque avis anodin ; — et le pire encore c'est qu'à voir le rôle effacé que dans la société jouent les vieillards, ils ne veulent plus consentir à l'être.

IX
MOEURS GÉNÉRALES

Si le culte de l'incompétence a un retentissement qui n'est pas très heureux dans les mœurs familiales, il en a un aussi, qui n'est peut-être pas meilleur sur les mœurs sociales, sur les relations des hommes entre eux. On se demande souvent pourquoi la politesse disparaît de jour en jour et tout le monde répond en riant : « C'est démocratique. " Sans doute ; mais il faudrait chercher un peu pourquoi c'est démocratique. Montesquieu fait observer que « s'affranchir des règles de la civilité c'est chercher le moyen de mettre ses défauts plus à l'aise. " Il ajoute, faisant une distinction un peu subtile, que la « *politesse* flatte les vices des autres et que la *civilité* nous empêche de mettre les nôtres au jour : c'est une barrière que les hommes mettent entre eux pour s'empêcher de se corrompre. " — Ce qui flatte les vices ne peut guère s'appeler politesse et doit se nommer adulation. Civilité et politesse sont même chose avec une légère différence de degré ; la civilité est un peu froide, elle est tout respect ; la politesse est un commencement de flatterie élégante, mais qui s'adresse aux qualités d'autrui pour les mettre gracieusement en lumière et non aux défauts et moins encore aux vices.

Ce qu'il y a de vrai c'est que civilité et politesse sont bien moyens adroits pour marquer à son semblable un certain respect et un certain désir d'être respecté. Ce sont donc « barrières " ; mais barrières sur lesquelles on s'appuie et qui séparent, mais qui soutiennent ; et qui séparent sans vous tenir éloignés les uns des autres.

Et aussi il est très vrai que s'affranchir des règles, soit de la civilité soit de la politesse, est mettre ses défauts en liberté. Au fond de la politesse et de la civilité il y a respect des autres, respect de soi. C'est ce qui faisait dire très bien à l'abbé Barthélemy : « Dans la première classe des citoyens règne cette bienséance qui fait croire qu'un homme s'estime lui-même et cette politesse qui fait croire qu'il estime les autres ". C'est ce qui faisait dire à Pascal : « le respect est incommodez-vous " ; et en effet, comme il l'explique, si l'on s'incommode en restant debout quand l'autre est assis, en restant découvert quand l'autre est couvert, et cela sans aucune utilité, cela prouve à l'autre combien nous nous incommoderions pour lui être utile puisque nous nous gênons par égard pour lui sans qu'il y ait service à lui rendre.

La politesse est une marque de respect et une promesse de dévouement.

Or tout cela n'est pas démocratique, parce que la démocratie, ne reconnaissant pas de supériorité, ne connaît pas de respect et ne reconnaissant pas de supériorité ne connaît pas de dévouement personnel. Le respect c'est se mettre au-dessous de quelqu'un et la politesse envers un égal est une affectation, excellente du reste, de le considérer comme un supérieur. Cela est tout à fait contraire à l'esprit démocratique : il n'y a pas de supérieur, en quoi que ce soit ; et quant à affecter de traiter en supérieur quelqu'un qui est votre égal, c'est une double hypocrisie ; car c'est une hypocrisie qui en réclame une autre réciproque ; et si vous louez quelqu'un de son esprit c'est pour qu'il vous félicite du vôtre.

Sans même aller jusque-là, la politesse est condamnable par ce seul fait que, non contente de reconnaître des supérieurs, elle en crée. Elle traite un égal en supérieur pour inventer une supériorité, comme s'il n'y en avait pas assez. C'est comme si elle disait que si l'inégalité n'existait pas il faudrait l'inventer.

C'est proclamer qu'il n'y a jamais assez d'aristocratie. Cela ne peut pas se souffrir.

Quant à la civilité considérée comme promesse de dévouement, elle est antidémocratique tout autant. Le citoyen ne doit de dévouement à aucun individu, il n'en doit qu'à la communauté. Il est très grave de se dire de quelqu'un le très humble serviteur. C'est distinguer quelqu'un parmi tous les autres et affirmer qu'on le servira. C'est reconnaître en lui je ne sais quelle supériorité, ou naturelle ou sociale et il n'y a pas de supériorités sociales ou naturelles ; et, s'il y a des supériorités naturelles, la nature a eu tort de les établir. C'est proclamer une espèce de vassalité. Cela ne doit plus être toléré.

Quant à l'absence de politesse considérée comme « un moyen de mettre ses défauts plus à l'aise " ceci encore est essentiellement démocratique en un certain sens. Le démocrate n'est pas content de ses défauts ou fier de ses défauts ; point du tout ; seulement, par définition, il croit qu'il n'en a pas. Un défaut est une infériorité d'un homme relativement à un autre. Le mot même l'indique et défaut c'est quelque chose qui manque et par conséquent quelque chose qu'un autre a et que je n'ai pas. Or tous les hommes sont égaux. Donc je n'ai pas de défaut. Je n'ai donc pas à pratiquer cette orthopédie morale qui consiste, en dissimulant mes prétendus défauts, à les contenir ; et je peux, ce que Montesquieu appelle impolitesse, mettre en liberté mes prétendus défauts, « mettre au jour " mes prétendus défauts, qui ne sont que des manières d'être et qui très probablement sont des qualités.

Le démocrate en effet, comme les adolescents, comme la plupart des femmes, comme tous les humains qui commencent à réfléchir mais qui ne réfléchissent pas beaucoup, connaît ses défauts et les prend pour des qualités, ce qui est tout naturel ; car les défauts sont les traits saillants de notre caractère et quand nous en sommes encore à aimer notre caractère, ce sont nos défauts que nous chérissons et que nous admirons. Or la politesse, consistant à dissimuler nos défauts, est insupportable à un homme qui est plutôt impatient de montrer ce qui, en lui, lui paraît recommandable et plein de valeur. Ce qui fait que, pour la plupart, nous ne nous corrigeons pas de nos défauts, c'est que nous les prenons pour des qualités ; la méthode qui consiste à refouler nos défauts dans l'ombre nous paraît donc tyrannique et absurdement tyrannique.

Au fond, persuadé d'une part que tous les hommes sont égaux et que le défaut considéré comme infériorité n'existe pas; d'autre part que ce que quelques-uns appellent ses défauts sont des traits intéressants de sa nature, le démocrate a cette idée générale que les défauts sont des préjugés, que les défauts ont été inventés par des intrigants, prêtres, nobles, puissants, gouvernants, pour inspirer au pauvre peuple l'humilité, très favorable à leurs mauvais desseins, pour le contenir par ce frein, d'autant plus puissant qu'il est un frein intérieur ; pour le paralyser par ce scrupule intime et pour le dominer par ce sentiment d'infériorité qui se transforme en acceptation de la domination. La politesse considérée comme méthode pour refouler les défauts ne peut donc être tenue que pour artifice aristocratique et instrument de tyrannie.

De là est venu, par exemple, à l'époque de l'explosion de la démocratie française, chez un peuple naturellement ami des bonnes manières, cette fureur d'impolitesse qui a été si caractéristique. C'était une affirmation de l'inexistence des supériorités, quelles qu'elles fussent, et aussi de l'excellence de la nature humaine sous quelques espèces qu'elle parût et en quelque individu qu'elle se montrât. L'impolitesse est démocratique.

X
LES HABITUDES PROFESSIONNELLES

Le mépris de la compétence va assez loin même dans le domaine des professions, dans les habitudes professionnelles. On connaît le mot, peut-être légendaire, du président de Chambre à un avocat qui traitait consciencieusement « la question de droit " : « Maître, nous ne sommes pas ici pour faire du droit ; mais pour traiter d'affaires. " Il n'y mettait aucune malice ; il voulait dire : « Au Palais on n'examine plus les affaires au point de vue du droit ; on les examine en elles-mêmes et l'on juge en équité et en bon sens ; et on laisse l'étude et le débrouillement des textes aux professeurs. Ne soyez pas professeur de droit à la barre. " Cette théorie, qui, même adoucie comme je viens de l'adoucir, aurait scandalisé les magistrats anciens, est très courante au palais ; elle est ce que l'on pourrait appeler une infiltration démocratique.

Quelques restes de l'ancien esprit de caste qu'il conserve encore, le magistrat moderne ne se tient pas pour lié par le texte des lois, ni par la jurisprudence, cette tradition écrite ; quand il n'est pas purement fonctionnaire obéissant au gouvernement, ce qu'il considère comme un devoir, il est magistrat démocrate, c'est-à-dire Héliaste d'Athènes ; il juge selon sa conscience individuelle, ne se considérant pas comme membre d'un corps savant et appliquant les décisions de ce corps, mais comme dépositaire du vrai, lui, aussi bien qu'un autre.

Un exemple excentrique, à la vérité, mais significatif de cette mentalité nouvelle, a été ce juge qui s'attribua formellement le droit de ne pas juger selon la loi, mais de la faire, et qui invoquait dans ses considérants, soit des idées générales et qui étaient celles qu'il préférait parmi toutes les idées générales qui courent le monde, soit des doctrines qui devaient *plus tard*, selon lui, trouver place dans la loi. Il jugeait selon le Code de l'avenir.

Ce n'est pas qu'un si singulier magistrat ait existé qui soit signe, marque ou symptôme de quoi que ce soit ; c'est qu'il ait été pris au sérieux par beaucoup de personnes, même à demi éclairées ; c'est qu'il ait été populaire ; c'est qu'il ait été proclamé « bon juge " par une partie très considérable de l'opinion ; c'est cela qui est un signe.

Il y en a un autre, beaucoup plus fréquent. Le pire de l'incompétence, peut-être, c'est d'être compétent et de ne pas croire qu'on le soit. C'est, dans les procès criminels, du moins, l'état d'esprit de la plupart des magistrats.

Il faut lire, sur ce point, une brochure très curieuse d'un magistrat de province, intitulée *Le pli professionnel* (1909) et signée Marcel Lestranger. Elle est très topique. On y voit fort nettement que le magistrat d'aujourd'hui, tant de la magistrature assise que de la magistrature debout, d'abord n'a plus confiance en lui-même, ensuite à la terreur de l'opinion publique (journaux, cafés, loges, cercles politiques) ; ensuite sait ou croit savoir que son avancement dépend, non de sa sévérité, comme autrefois, mais de son indulgence.

En face des forces toujours coalisées contre lui : public *presque* toujours favorable à l'accusé, presse locale et presse parisienne, médecine légale, presque constamment disposée à voir « des irresponsables " dans tous les accusés ; ayant l'effroi de l'erreur judiciaire depuis que l'erreur judiciaire est une sorte d'hallucination universelle et que toute condamnation est considérée par une fraction très considérable de l'opinion comme une erreur judiciaire ; le magistrat debout n'ose plus requérir sévèrement et le magistrat assis n'ose plus interroger avec ténacité.

Il y a des exceptions ; mais ces exceptions, par l'étonnement qu'elles inspirent et par la réaction qu'elles suscitent, montrent assez, montrent plus que tout, à quel point elles sont anormales, hors de la règle nouvelle, hors des nouvelles habitudes.

Le plus souvent c'est avec timidité, réserves, atténuations, portes de sortie laissées entr'ouvertes, appels à demi voix à l'indulgence, ou demi-aveux d'incertitude, que le magistrat debout requiert.

Il demande sa tête et craint de l'obtenir.

Au fond ce qu'il désire, et le magistrat assis tout autant que lui, c'est que l'affaire soit liquidée par un acquittement, parce qu'une affaire liquidée par un acquittement est une affaire enterrée. Elle ne revient plus ; elle ne ressuscite plus ; on n'en parle plus. Elle n'est pas cette affaire que toujours quelqu'un trouve mal jugée et qui, toujours relevée par quelqu'un, soit par animosité, soit par passion politique, soit par simple amusement, vient obséder comme un fantôme, pendant dix ans, quinze ans, le magistrat qui en a connu.

M. Lestranger raconte, à ce propos, une histoire typique, qui, d'après tous les renseignements que je reçois de province et toutes les conversations dont j'ai gardé le souvenir, est la vérité même, est exactement figurative de mille affaires semblables.

Un braconnier de dix-neuf ans avait violenté, puis étranglé, dans les bois, une paysanne, mère de famille. Ce qu'il y avait à craindre, ce n'était pas, pour cette fois, l'erreur judiciaire ou les accusations, toujours prêtes à s'élancer, d'erreurs judiciaires. L'accusé ne faisait aucune difficulté d'avouer. Grand point. En France toute condamnation qui n'a pas pour base l'aveu de l'accusé est une erreur judiciaire ; mais, devant l'aveu de l'accusé, les incriminations d'erreur judiciaire ne se produisent pas, encore qu'elles pussent se produire puisqu'il y a eu de faux aveux ; mais enfin elles ne se produisent pas. L'affaire semblait donc être de tout repos.

Seulement la crainte des magistrats, c'était une condamnation à mort. Le crime était odieux, surtout pour un jury de villageois qui ont des femmes et des filles très souvent obligées de s'écarter du village. De plus, il y avait un homme insupportable, le veuf de la victime, qui était acharné à la vengeance, qui faisait l'éloge de sa femme, qui amenait, pleurant et criant, son fils, fils de la victime, pendant que lui-même déposait. Président et ministère public étaient désolés.

« J'ai fait ce que j'ai pu, disait le président au ministère public. J'ai insisté sur son âge. J'ai répété : dix-neuf ans. J'ai fait tout ce que j'ai pu ".

— « J'ai fait ce que j'ai pu, disait le ministère public au président. Je n'ai pas parlé de la peine. Je n'ai pas dit un mot de la peine. J'ai seulement accusé. Je ne pouvais pas plaider pour. J'ai fait tout ce que j'ai pu. "

À l'issue de l'audience le capitaine de gendarmerie donne un peu de réconfort à ces messieurs, « Il n'a pas vingt ans. Il a eu une bonne tenue à l'audience. Il est sympathique. Il est impossible qu'on l'exécute. Une exécution capitale ici, dans une ville si paisible ! Il ne sera pas condamné à mort ".

Il ne le fut point. Le jury trouva des circonstances atténuantes. Les magistrats recouvrèrent leur tranquillité.

Les chiffres viennent à l'appui des assertions de M. Lestranger. Les crimes susceptibles d'exciter la pitié, infanticides, avortements, sont de moins en moins poursuivis ; et ceux qui le sont, quelque patents qu'ils soient, sont très souvent impunis : moyenne, vingt-six acquittements pour cent depuis une douzaine d'années. Les magistrats contemporains sont des Saints François d'assises.

En somme le magistrat, ou ne croit pas à sa compétence, ou par goût de sa tranquillité, en fait bon marché. Il a plus souci de sa tranquillité que de la sécurité publique. La magistrature ne sera bientôt plus qu'une façade, imposante encore intimidante très peu.

Déjà un symptôme assez grave du peu de confiance qu'a la foule dans la salutaire sévérité de la justice : le criminel pris en flagrant délit est souvent lynché ou à demi lynché. C'est qu'on sait que, s'il n'est pas puni immédiatement, il a de grandes chances pour ne jamais l'être.

— Mais cette même foule, sous forme de jury, est souvent, presque toujours, bien indulgente.

— Oui parce qu'entre le crime et la session d'assises il se passe six mois, et que ce qui émeut la foule au moment du crime c'est le malheur de la victime, au moment des assises c'est le malheur de l'accusé. Mais il reste que l'habitude du lynchage accuse formellement d'excès d'indulgence et les magistrats et le jury.

Le clergé lui-même, beaucoup plus attaché à ses traditions que tout ordre de l'Etat, se démocratise aussi, en ce sens que, professeur de dogme et professeur de mystères, il n'enseigne plus que la morale. Il veut par là se rapprocher des humbles et, en s'en rapprochant, avoir prise sur eux. Évidemment il n'a pas tout le tort. Seulement, en négligeant le dogme et l'interprétation des mystères, il cesse d'être un corps savant et d'imposer à titre de corps savant ; et, d'autre part, il s'assimile et s'égale au premier philosophe venu, qui enseigne la morale, qui l'explique, qui l'illustre d'exemples, même sacrés, tout aussi bien qu'un prêtre peut faire ; et il amène le peuple à se dire : « Qu'ai-je besoin des prêtres, puisque les professeurs de morale me suffisent ? "

Cet américanisme n'est pas très dangereux et même n'est pas très mauvais en Amérique où il y a très peu de professeurs laïques de morale ; il est un très grand danger en France, en Italie, en Belgique, où les professeurs laïques de morale ne manquent pas.

Dans toutes les professions, du reste, le vice radical est celui-ci : croire que l'habileté et l'adresse sont incomparablement supérieures à la connaissance, que le savoir-faire l'emporte infiniment sur le savoir. Ceux qui exercent la profession le croient, ceux qui font appel à cette profession ne sont pas effrayés de ce que ceux qui exercent la profession le croient. Et ainsi s'établit précisément cette égalité réelle à laquelle tend instinctivement la démocratie. Elle ne respecte pas les compétences ; mais aussi elle n'aura plus longtemps à les respecter ; car justement elles s'effacent et ne tarderont pas à disparaître et il n'y aura plus guère de différence entre un plaideur et un juge, entre le fidèle et son prêtre, entre le malade et le médecin. Le mépris des compétences détruit peu à peu les compétences et les compétences, en se renonçant, vont au-devant du mépris que l'on fait d'elles. On finira par n'être que trop d'accord.

XI
REMÈDES TENTÉS

On a cherché très consciencieusement, des démocrates même ont cherché très consciencieusement, des remèdes à cette maladie constitutionnelle de la démocratie. D'abord on a conservé quelques corps relativement aristocratiques, refuges, on le croyait, de la compétence. On a conservé un Sénat qui est nommé par le suffrage universel, mais seulement au second degré. On a conservé, du reste, un Parlement (Sénat et Chambre des députés) qui est une aristocratie flottante et continuellement renouvelable ; mais qui est encore une espèce d'aristocratie, puisqu'il empêche le gouvernement direct et immédiat du peuple par le peuple.

Ces remèdes ne sont pas méprisables, assurément ; mais on a vu comme ils sont faibles, pour cette raison que la démocratie, pour ainsi parler, les élude. Par son soin d'écarter les compétences, elle fait de la Chambre des députés, sauf quelques exceptions, un corps qui lui ressemble tellement, tant par le caractère superficiel des connaissances que par la véhémence des passions que les choses sont comme si la foule gouvernait directement et immédiatement et qu'autant vaudrait, je crois, qu'elle gouvernât de la sorte, par plébiscite.

Pour ce qui est du Sénat, c'est un peu même chose, ou plutôt c'est la même chose obtenue par voie indirecte. Le Sénat est nommé par des délégués du suffrage universel ; mais ces délégués sont élus, non pas par le suffrage universel en masse, chaque département par exemple nommant quatre ou cinq cents délégués ; mais par les conseillers municipaux de chaque commune. Or ces conseillers municipaux, ceux des communes rurales surtout, incomparablement les plus nombreux et maîtres de l'élection, sont, pour toutes sortes de raisons, sinon complètement du moins très sensiblement, sous la dépendance des préfets. Il en résulte que le Sénat — et cela a été voulu par le rédacteur de la Constitution qui était autoritaire et qui désirait que le pouvoir central pesât sur les élections sénatoriales ; et il faisait cela pour son parti, mais cela a profité à un autre, *vos non vobis* — il en résulte que le Sénat est un peu nommé par les préfets et c'est-à-dire par le gouvernement lui-même comme sous le premier Empire et sous le second Empire.

On sait très bien en France qu'un député d'opposition, sûr de sa circonscription, qui continuerait d'y être nommé indéfiniment ; mais qui, pour des raisons de convenances personnelles, désire devenir sénateur, est obligé au moins de devenir demi-agréable au gouvernement, de s'atténuer et de s'adoucir pour ne pas échouer dans sa nouvelle ambition. Il ne peut pas y avoir au Sénat une opposition très forte et très vive.

Et cela revient à quelque chose qui est analogue à un Sénat nommé par le suffrage universel lui-même...

Le suffrage universel nomme la Chambre des députés, la Chambre des députés nomme le gouvernement et le gouvernement, à très peu près, nomme les sénateurs. Le Sénat est donc un remède antidémocratique extrêmement faible et si c'est correctif de la démocratie qu'on a voulu qu'il fût, on n'a pas été trop loin dans le succès.

Si l'on avait voulu une Chambre haute aussi compétente que possible et indépendante du pouvoir central et relativement indépendante du suffrage universel; il aurait fallu instituer une Chambre nommée par les grands corps constitutifs de la nation et aussi, à mon avis, par le suffrage universel, mais procédant de la manière suivante: *toute la nation*, partagée seulement, pour la commodité pratique, en cinq ou six grandes régions, nomme cinq ou six mille délégués qui nomment trois cents sénateurs. Il n'y aurait ainsi ni influence gouvernementale, ni fabrication par la foule d'une représentation directement à son image et il y aurait une élite véritable, chargée, pour ainsi parler, d'autant de compétence qu'il y en aurait dans le pays.

C'est presque exactement le contraire qu'on a fait. Le Sénat français est un remède antidémocratique extrêmement faible.

Il représente la démocratie rurale conduite et guidée un peu impérieusement par le gouvernement démocratique.

Un autre remède qui a été cherché, aussi consciencieusement que le précédent, a été : garanties de capacité des fonctionnaires, recherchées par un système d'examens et de concours et constatées par ces examens et ces concours. Examens ou concours à l'entrée de chaque carrière, très minutieux, très compliqués, de nature à éprouver à tous les égards la capacité du candidat et permettant ainsi de ne donner les places qu'au mérite et d'exclure toute faveur.

— Vous appelez cela un remède anti-démocratique ! C'est démocratique par excellence !

— Pardon ! Ce serait antimonarchique si nous étions en monarchie ; ce serait anti-aristocratique si nous étions sous un régime aristocratique et c'est anti-démocratique parce que nous sommes en démocratie. Les places au concours c'est une espèce de cooptation ; ce n'est même pas autre chose qu'une cooptation. Quand je proposais la nomination des magistrats par les magistrats, tous les magistrats nommant la Cour de cassation et la Cour de cassation nommant tous les magistrats, j'étais certainement incriminé de paradoxe, comme toutes les fois que l'on propose autre chose que ce qui est en usage ; je ne faisais pourtant qu'appliquer à la magistrature, avec une certaine extension, ce qui est en usage pour les fonctionnaires. Dans une certaine mesure, dans une assez large mesure, les fonctionnaires se recrutent eux-mêmes par cooptation.

Ils ne nomment pas eux-mêmes les fonctionnaires, non ; mais ils éliminent les candidats fonctionnaires dont ils ne veulent pas comme fonctionnaires. Les examens sont un ostracisme des incompétents. N'entreront dans le corps des fonctionnaires que ceux qui auront été nommés par le gouvernement ; mais le gouvernement ne pourra nommer que ceux que nous, fonctionnaires, nous aurons préalablement désignés comme pouvant l'être. C'est bien une cooptation.

Le jury qui admet un candidat à l'Ecole Saint-Cyr nomme un officier. Le jury qui admet un candidat à l'École Polytechnique nomme un officier ou un ingénieur. Et le jury qui refuse un candidat à l'Ecole Saint-Cyr ou à l'Ecole Polytechnique empiète sur la souveraineté nationale ; car il interdit à la souveraineté nationale de faire de ce jeune homme un officier ou ingénieur. Voilà une cooptation ; voilà une garantie de compétence ; voilà une digue élevée contre l'incompétence et contre la faveur dont l'incompétence pourrait être l'objet.

Je n'ai pas besoin de dire que cette cooptation est assez limitée. Elle s'arrête au seuil de la carrière. Une fois le candidat sacré fonctionnaire par un jury de fonctionnaires, il appartient, pour ce qui est de l'avancement, des promotions et de la destitution, au pouvoir central tout seul, sauf quelques cas. La cooptation des fonctionnaires est une cooptation strictement éliminatoire. L'élimination faite une fois pour toutes, le non-éliminé rentre sous la prise du gouvernement, c'est-à-dire de la démocratie, c'est-à-dire de la politique et peuvent se produire et se produisent tous les abus que nous avons signalés plus haut. Mais il fallait cependant indiquer qu'il y a quelque chose au moins que l'on a inventé et que l'on conserve contre l'omnipotence de l'incompétent et qui ne lui permet pas d'être absolument souverain.

Seulement ce système prophylactique est assez mal organisé et il ne saurait être « approuvé " que « tourné d'autre façon ", comme dit Boileau.

Les examens dans notre pays sont tous fondés sur un contre-sens, je veux dire sur la confusion entre le savoir et la compétence. Ils cherchent la compétence, très consciencieusement et ils croient la trouver dans le savoir, ce qui est une erreur. L'examen demande au candidat qu'il sache et le concours demande au candidat qu'il sache plus que les autres ; et c'est *presque* tout ce que demandent examens et concours. De là une des plaies les plus douloureuses de notre civilisation : la préparation aux examens.

La préparation aux examens est une ingurgitation de savoir, un entassement, un gavage, qui, d'abord, rend tout passif un homme peut-être bien doué, à l'âge qui est celui de l'activité intellectuelle la plus vive ; qui, ensuite, par l'effet du surmenage, dégoûte du travail intellectuel et y rend impuissant pour toute sa vie le patient ainsi traité pendant cinq, huit ou dix ans de sa jeunesse.

Je suis persuadé, si l'on me permet de parler de moi pour m'appuyer sur un exemple qui m'est bien connu, que si j'ai un peu travaillé de vingt-cinq à soixante-trois ans, c'est parce que je n'ai jamais réussi qu'à moitié, et je me flatte, dans les examens et concours. Très curieux de beaucoup de choses, je m'intéressais aux « matières du programme ", mais à d'autres matières aussi et le programme était négligé. J'étais reçu ; j'étais refusé, plus souvent ; en définitive j'ai atteint la vingt-sixième année, en retard sur mes contemporains, mais non surmené, non fourbu et point du tout dégoûté du travail intellectuel. Je reconnais que quelques-uns de mes camarades, qui n'ont jamais manqué un examen et qui les ont passés tous très brillamment, ont travaillé tout autant que moi jusqu'à la soixantaine ; mais ils sont extrêmement rares.

Chose curieuse, les résultats, non point désastreux sans doute, mais évidemment assez mauvais, de ce système examinatoire ne font pas qu'on l'abandonne, ce qui, du reste, serait excessif ; mais ils font qu'on l'aggrave et qu'on le complique. Les examens de droit, les concours d'agrégation de droit, les concours d'internat aux hôpitaux sont beaucoup plus « lourds " qu'autrefois, demandent un effort matériel beaucoup plus grand, sans demander et sans prouver une plus grande valeur intellectuelle. En vérité j'en viendrai à dire : les examens ne sont plus qu'une preuve de santé ; mais ils prouvent bien la santé ; autant au moins qu'ils la détruisent.

Un exemple que je connais bien. Il faut pour être professeur remarqué, professeur notable, de l'enseignement secondaire, être bachelier, licencié, agrégé, docteur. C'est déjà chose qui compte.

Cela fait dix examens ou concours : deux pour le baccalauréat première partie, deux pour le baccalauréat seconde partie, deux pour la licence, deux pour l'agrégation, deux pour le doctorat. Or cela n'a point paru suffisant. On a remarqué qu'entre le baccalauréat seconde partie et la licence il y a normalement, deux ans ; qu'entre la licence et l'agrégation il y a normalement deux ans ; qu'entre l'agrégation et le doctorat il y a normalement trois ou quatre ans. Voyez-vous le péril ! Entre la licence et l'agrégation, sans aller plus loin pour le moment, le futur professeur a deux ans à lui. Et c'est-à-dire que pendant la première de ces deux années il travaille seul ! Il travaille librement, il se développe comme il l'entend, sans préoccupation d'examen au bout de ses douze mois, sans servitude de programme ! Cela fait frémir. Cela fait redouter que le jeune homme, ou se repose et souffle un peu, ou se développe dans le sens de ses facultés personnelles ou de ses goûts personnels. La personnalité du candidat a une ouverture, un moment qui lui est laissé pour intervenir ! Il fallait empêcher cela.

On a créé un examen intermédiaire entre la licence et l'agrégation, examen, sans doute, qui porte sur un travail choisi par le candidat lui-même, il faut reconnaître cela ; mais examen qui porte sur un travail dont le sujet a dû être adopté par les professeurs, examen qui porte sur un travail pour lequel le candidat a dû consulter les professeurs, examen qui porte sur un travail auquel les professeurs ont dû plus ou moins collaborer, examen, en somme, qui a eu, sinon pour but, du moins pour effet d'empêcher, pendant une année périlleuse, la personnalité de l'élève de se chercher, de se trouver et de se produire.

Un examen par an pendant dix ans, c'est l'idée du professeur moderne à l'égard des professeurs en formation. Entre le baccalauréat seconde partie et la licence, comme il y a deux ans, on s'apercevra bientôt qu'il faut un examen à la fin de la première année et l'on créera le *Certificat d'études intermédiaires-secondaires-supérieures*. Entre l'agrégation et le doctorat, comme il y a quatre ans, on s'avisera bientôt qu'il faut trois examens, destinés à démêler et reconnaître où en est relativement à ses thèses le futur docteur et à l'aider à les faire et à l'empêcher de les faire tout seul : premier examen, dit de *Bibliographie de la thèse de doctorat* ; deuxième examen, dit de *Méthodologie doctorale* ; troisième examen dit de *Préparation à la soutenance* ; enfin doctorat lui-même.

De la sorte, ce qu'il fallait obtenir, d'abord le disciple aura, de dix-sept ans à vingt-sept ou trente ans, subi seize examens ou concours ; ensuite il n'aura jamais travaillé seul ; il aura toujours travaillé, à terme de douze mois, sur un programme, pour un examen, en vue de plaire à tel ou tel professeur, se modelant et se composant sur leurs vues, sur leurs conceptions, sur leurs idées générales, sur leurs manies, aidé par eux, porté par eux, se laissant porter par eux et ne sachant jamais et ne devant pas savoir, et ne voulant pas savoir, et en grand risque s'il savait, et s'habituant pour la vie à ne pas savoir, ce qu'il pense par lui-même, ce qu'il imagine par lui-même, ce qu'il cherche ou voudrait chercher par lui- même et ce qu'il pourrait bien être lui-même. Il s'occupera de cela après la trentaine.

Point de personnalité avant le moment où il est trop tard pour qu'elle apparaisse, telle est la maxime.

D'où vient cette fureur ? D'où vient cette *examinomanie* ? D'abord, comme bien vous pensez, c'est une simple *dandinomanie* . Dandin disait obstinément : « Je veux aller juger. " Le professeur d'un certain âge veut aller examiner. Il n'aime plus professer ; il aime toujours examiner. Cela est très naturel : professant, il est jugé ; examinant, il juge. On aime toujours mieux l'un que l'autre. Suer sous le harnais et se sentir *examiné* , apprécié, discuté, compulsé, un peu raillé par un auditoire d'étudiants ct d'amateurs, ne laisse pas, à un certain âge, d'être pénible ; examiner, trôner dans la majesté de juge, n'avoir qu'à critiquer et n'avoir pas à produire, n'intervenir que quand le justiciable bronche et pour lui faire remarquer qu'il choppe ; il y a plus, tenir toute l'année l'étudiant sous la salutaire intimidation de l'examen si proche qu'il a à subir et de l'aide qu'il a à attendre et à solliciter de vous et du besoin où il est de ne pas vous déplaire ; tout cela est agréable et compense bien des ennuis du métier. L'examinomanie se compose moitié de la terreur d'être examiné, moitié de l'allégresse d'examiner les autres.

Il y a cela ; il y a autre chose. L'éclosion et le développement précoces de l'originalité, voilà ce que redoutent étrangement les examinomanes. Ils ont horreur de l'autodidacte.

Ils ont horreur de celui qui croit penser par lui-même et qui cherche par lui-même à vingt-cinq ans. Ils veulent couver aussi longtemps que possible le jeune esprit et ne le laisser marcher de ses propres jambes que très tard et je permets au railleur de dire : quand ses jambes seront authentiquement atrophiées. — Ils n'ont pas tout le tort. L'autodidacte volontaire est le plus souvent un orgueilleux, un esprit vain, qui prend pour plaisir de penser par lui-même, la volupté de mépriser la pensée des autres. Mais il n'en est pas moins que c'est parmi les autodidactes que se trouvent les esprits vigoureux qui aborderont vaillamment le domaine de la connaissance et qui l'étendront. La question est donc de savoir s'il vaut mieux, en favorisant les mauvais autodidactes, ménager et conserver les bons, ou, en contrariant et contenant les mauvais autodidactes, tuer les bons. Je suis tout à fait pour le premier de ces deux partis. Il vaut mieux laisser aller, un peu, tout le monde, moyennant quoi les esprits faussement originaux s'égareront et il ne m'importe guère ; et les esprits véritablement originaux s'épanouiront et se déploieront dans leur force.

Mais ici — voyez comme l'esprit démocratique s'introduit partout — intervient la question numérique : « Dix fois plus nombreux, me dit-on, sont les faux originaux que nous sauvons d'eux-mêmes en les disciplinant que les vrais originaux à qui peut-être nous coupons les ailes. "

Je réponds qu'en choses intellectuelles les questions de chiffres ne comptent pas. Un esprit original étouffé est une perte qui n'est pas compensée par dix sots préservés d'être ultra-sots. Un esprit original laissé libre de l'être vaut mieux que dix sots à moitié contenus et réprimés.

Nietzsche dit très bien : « l'éducation moderne consiste à étouffer l'exception en faveur de la règle ; ... elle consiste à diriger les esprits loin de l'exception du côté de la moyenne. "

Elle a tort. Je ne dis pas qu'elle devrait faire le contraire. Oh ! non ! Loin de là ! Son office n'est pas de solliciter l'exceptionnel et de l'aider à naître. Il naît tout seul et il n'a pas besoin d'être flatté. Mais son office n'est pas non plus d'avoir la terreur de l'exceptionnel et de prendre tous les moyens possibles, même en vérité les plus barbares ou les plus fastidieux, pour l'empêcher, aussi longtemps que possible, de se produire.

L'éducation doit tirer de la médiocrité tout ce qu'elle peut, respecter l'originalité autant qu'il se peut, pousser la médiocrité à l'originalité, jamais ; ramener l'originalité à la médiocrité, jamais.

Comment tout cela ? Par une intervention discrète toujours ; par la non intervention quelquefois.

Elle est en ce moment extrêmement loin de la non intervention et même de l'intervention discrète.

Et c'est ainsi que ce qu'on a inventé pour sauver la compétence contribue sensiblement à faire triompher son contraire. Ces victimes de l'examen sont des compétents comme savoir, comme instruction, comme technique. Ils sont incompétents en tant que valeur intellectuelle, — souvent même, quoique moins et moins souvent, — en tant que valeur morale.

En tant que valeur intellectuelle ils n'ont, très souvent, aucune initiative cérébrale. La leur a été repoussée, cachée, aplatie. Si elle a existé elle n'existe plus. Ils ne sont plus, pour toute leur vie, que des instruments. On leur a appris beaucoup de choses ; mais surtout l'obéissance intellectuelle. Ils continuent d'obéir intellectuellement, leur cerveau est un rouage bien fait, une courroie de transmission bien fabriquée et bien installée. « La différence entre le roman et le drame, disait Brunetière, c'est que dans le drame le personnage agit et que dans le roman il est agi ". Je ne sais pas si c'est vrai ; mais du fonctionnaire on peut dire que, le plus souvent, il ne pense pas ; il est pensé.

Ils sont incompétents encore, quoique moins et moins souvent, en tant que valeur morale. Par l'exercice de l'obéissance intellectuelle on les a habitués à l'obéissance morale et ils sont, pour la plupart, peu entraînés à l'indépendance. Et voyez comme tout s'accorde bien, trop bien. Cette cooptation éliminatoire, dont j'ai parlé, des fonctionnaires, elle s'arrête, comme j'ai dit, à l'entrée en fonctions. A partir de ce moment c'est uniquement du gouvernement que dépendra le fonctionnaire ; or c'est à une dépendance absolue à l'égard de qui le dirige que le fonctionnaire aura été préparé pendant dix ans par son éducation. C'est bien ; c'est un peu trop bien. Il serait bon que l'éducation du fonctionnaire lui eût laissé, avec un peu d'originalité d'intelligence, un peu, aussi, d'originalité de caractère.

On a cherché, très consciencieusement aussi et même avec une très belle ardeur, un autre remède aux défauts de la démocratie, un autre remède à son incompétence. On a dit : « La foule est incompétente ; soit, il faut l'éclairer. L'enseignement primaire largement répandu est la solution de toutes les difficultés, est la solution même de toutes les questions. "

Les aristocrates se divertirent un peu là-dessus : « Comment donc, s'écrièrent-ils et quelle est cette contradiction ? Vous êtes démocrates et c'est-à-dire que vous attribuez l'excellence politique, la « vertu politique ", comme nous disions autrefois, à la foule, c'est-à-dire à l'ignorance. Pourquoi donc voulez-vous éclairer la foule, c'est-à-dire lui faire perdre la vertu qui fait selon vous son excellence ? " — Les démocrates répondirent que la foule était déjà très préférable aux aristocrates telle qu'elle était et qu'elle le serait plus encore quand elle aurait de l'instruction. On résout les contradictions par des *a fortiori*.

Tant y a que les démocrates s'attelèrent vigoureusement à l'œuvre de l'instruction du peuple. Le résultat est d'abord que le peuple est beaucoup plus instruit qu'autrefois et je suis de ceux qui estiment que ce résultat est excellent. Mais le résultat est ensuite que le peuple est saturé d'idées fausses et ceci est moins réjouissant.

Les républiques anciennes ont connu les démagogues, c'est-à-dire les orateurs qui poussent à l'extrême tous les défauts du peuple en les parant de beaux noms et en le flattant lui-même. La grande démocratie moderne a ses démagogues, ce sont les instituteurs. Ils sortent du peuple, sont fiers de lui appartenir, de quoi l'on ne peut pas les blâmer, ont pour tout ce qui n'est pas le peuple une certaine défiance, sont d'autant plus peuple qu'ils sont intellectuellement les premiers dans le peuple et ailleurs en rang secondaire ; et ce qu'on aime le plus ce n'est pas le groupe dont on est, mais le groupe dont on est le chef. Ils sont donc profondément démocrates.

Jusque-là rien que d'acceptable. Mais ils le sont étroitement, parce qu'ils n'ont qu'une demi-instruction, ou plutôt, — car qui a une instruction complète ou même une grande instruction ? — parce qu'ils n'ont qu'une instruction rudimentaire. Or l'instruction rudimentaire rend peut-être capable d'avoir une idée, mais surtout rend incapable d'en avoir deux. L'homme d'instruction rudimentaire est toujours l'homme d'une idée unique et d'une idée fixe. Il doute peu. Le savant doute souvent, l'ignorant rarement, le fou jamais. L'homme à idée unique est à peu près imperméable à tout raisonnement qui est étranger à cette idée. Un auteur indien disait :" Tu peux convaincre le docte ; tu peux convaincre, plus difficilement, l'ignorant ; le demi-savant jamais. "

On ne convainc pas l'instituteur. On le confirme dans sa conviction en y adhérant ; encore plus en la discutant. Il est prisonnier de sa doctrine. Il ne la possède pas toujours très bien ; mais il est possédé par elle. Il l'aime de toute son âme comme un prêtre sa religion, parce qu'elle est la vérité, parce qu'elle est belle, parce qu'elle a été persécutée et parce qu'elle doit sauver le monde. Il n'est pas fâché qu'elle triomphe ; mais il serait heureux de se sacrifier pour elle.

Il est démocrate convaincu et démocrate sentimental. Sa conviction fonde solidement son sentiment et son sentiment échauffe merveilleusement sa conviction. Sa conviction le fait invincible à l'objection, son sentiment le fait hostile à l'adversaire. Pour lui, l'homme qui n'est pas démocrate a tort et de plus il lui est odieux. Il y a entre lui et l'aristocrate la distance de la vérité à l'erreur et la distance plus grande du bien au mal, de l'honnête au déshonnête. L'instituteur est l'homme lige mystique de la démocratie.

Or, comme il est l'homme d'une seule idée, il est simpliste et comme il est simpliste il est logique direct et logique à toute outrance, tout droit et jusqu'au bout. Une idée qui n'est pas contrariée par quelques autres et qui ne veut être contrariée par aucune va devant elle avec un élan qu'elle ne réprime pas et que rien ne réprime et ses chemins sont courts. Donc l'instituteur pousse jusqu'à leur point d'aboutissement naturel et logique toutes les idées démocratiques.

Il développe, en pleine « raison raisonnante ", tout ce qu'elles contiennent et il lui paraît non seulement naturel, mais salutaire de donner leur dernier développement comme le but et toutes leurs conséquences comme des résultats. Tout ce dont le principe est bon est bon lui-même et il n'y a que Montesquieu pour croire qu'une institution bonne peut périr par l'excès de son principe.

En conséquence l'instituteur déduit les suites logiques des deux principes démocratiques : souveraineté nationale, égalité ;

il les déduit rigoureusement et il arrive aux conclusions suivantes.

Le peuple seul est souverain. Donc *il peut y avoir* des libertés individuelles et des libertés d'association ; mais *il ne doit y avoir* que les libertés individuelles et les libertés d'association que le peuple permet. Les libertés ne peuvent être et ne doivent être que des tolérances. L'individu peut penser à sa guise, parler à sa façon, écrire à sa manière, agir à son gré ; mais en tant seulement que le peuple le lui permettra ; car s'il le pouvait, soit absolument, soit même limitativement, mais dans des limites qui seraient fixées par un autre pouvoir que celui du peuple, c'est lui qui serait souverain ou c'est le pouvoir qui aurait fixé ces limites qui serait souverain et ce ne serait pas le peuple et il n'y aurait plus, il n'y aurait pas de souveraineté nationale.

Cela revient à dire très simplement que la liberté est le droit de faire tout ce qu'on veut dans les limites de la loi. Et qui fait la loi ? c'est le peuple. La liberté est donc le droit de faire tout ce que le peuple permet qu'on fasse. Rien de plus. Au-delà c'est la souveraineté de l'individu qui commence et la souveraineté du peuple qui disparait.

— Mais avoir la liberté de faire tout ce que le peuple permet qu'on fasse et strictement ce que le peuple permet qu'on fasse, c'est être libre comme sous Louis XIV ; c'est n'être pas libre du tout.

— Soit. Il n'y aura pas de liberté si la loi ne permet pas qu'il y en ait. Voulez-vous être libre contre la loi ?

— Mais la loi peut être tyrannique ; elle est tyrannique si elle est injuste.

— La loi a le droit d'être injuste ; ou la souveraineté du peuple serait limitée ; elle ne doit pas l'être.

— Des lois fondamentales, constitutionnelles, pourraient limiter cette souveraineté du peuple pour garantir telles et telles libertés de l'individu.

— Et le peuple serait lié ! Et la souveraineté du peuple serait supprimée. Le peuple ne peut pas être lié. La souveraineté du peuple doit être intégrale et elle doit être intangible.

— Donc point de libertés individuelles ?

— Celles que le peuple tolérera.

— Point de libertés d'association ?

— Moins encore ; car une association est une limitation, par elle-même, de la souveraineté nationale. Elle a ses lois à elle, ce qui, au point de vue démocratique, est un contre-sens, une absurdité et une monstruosité. L'association limite la souveraineté nationale comme ferait une ville libre, une place de sûreté ; elle limite la nation, la refoule, l'arrête à une porte. C'est un Etat dans l'Etat ; où il y a association, il y a autre chose d'organisé que le grand organisme populaire. C'est comme un animal qui vivrait d'une façon indépendante dans un animal plus grand et qui vivrait indépendamment de lui, en vivant de lui. Il ne peut y avoir qu'une association, l'association nationale, ou la souveraineté nationale est bornée, c'est-à-dire détruite. Aucune liberté d'association ne peut exister.

Existeront les associations que le peuple tolérera, toujours révocables, toujours pouvant être dissoutes et détruites par lui ; ou ce serait la souveraineté nationale abdiquant et elle ne peut jamais abdiquer.

— Il existe au moins une association sacrée en quelque sorte et devant laquelle la souveraineté populaire s'arrête ; c'est la famille. Le père est chef de ses enfants et les élève et les dirige comme il l'entend jusqu'à ce qu'ils soient des hommes.

— Mais non ! Voilà encore une limitation de la souveraineté nationale. L'enfant n'appartient pas au père. S'il lui appartenait, au seuil de chaque maison la souveraineté nationale s'arrêterait et ce serait précisément qu'elle n'existerait nulle part. L'enfant, comme l'homme, appartient au peuple. Il lui appartient en ce sens qu'il ne doit pas faire partie d'une association qui penserait autrement que le peuple, peut-être contrairement à la pensée du peuple. Il y aurait même un péril à laisser un futur citoyen pendant vingt ans en dehors de la pensée nationale, c'est-à-dire en dehors de la communauté. Figurez-vous cinq ou six abeilles élevées à part et en dehors des lois, des règles, de la constitution de la ruche ; et figurez-vous que de ces groupes d'abeilles il y en eût des centaines dans la ruche. Ce serait la ruche détruite.

La souveraineté du peuple doit pénétrer *surtout* dans la famille, doit nier surtout la liberté de l'association familiale, doit détruire surtout l'association familiale. Elle doit laisser aux parents la liberté d'embrasser leurs enfants ; rien de plus ; le droit de les élever dans des idées peut être contraires à celles de leurs parents appartient au peuple, qui, là autant qu'ailleurs, peut- être plus qu'ailleurs, parce que l'intérêt est plus grand, doit être souverain absolu.

Voilà ce que l'instituteur, avec une logique qui me semble inattaquable, déduit du principe de la souveraineté nationale.

Du principe de l'égalité il déduit ceci : « Tous les hommes sont égaux par la nature et devant la loi. " C'est-à-dire que, pour qu'il y eût justice, tous les hommes devraient être égaux par la nature ; et que, pour qu'il y ait justice, tous les hommes doivent être égaux devant la loi.

Or ils ne sont pas égaux devant la loi et ils ne sont pas égaux par la nature. Donc il faut qu'ils le deviennent.

Ils ne sont pas égaux devant la loi. Ils ont l'air de l'être, ils ne le sont pas. L'homme riche, même en supposant parfaitement et strictement intègres les magistrats chargés de rendre la justice, par ce seul fait qu'il peut rémunérer largement avoués, avocats et témoins, par ce seul fait qu'il intimide par sa puissance tous ceux qui pourraient déposer contre lui, n'est point du tout l'égal du pauvre devant la loi.

Encore moins l'est-il devant la société, c'est-à-dire devant l'ensemble des forces sociales constituées. À cet égard il sera « l'homme influent ", « l'homme à relations ", l'homme de qui personne ne dépend, mais que personne n'aime à contrecarrer, à contrarier, à contreminer ni à contredire. Il y a entre l'homme riche et l'homme pauvre, si égaux que l'on prétende qu'ils soient devant la loi, la différence de celui qui commande à celui qui est forcé d'obéir. L'égalité, dans la société, devant la société et même devant la loi, n'existera que s'il n'y a ni riches ni pauvres.

Or, il y aura toujours des riches et des pauvres tant que l'héritage existera. Abolition de l'héritage.

Mais l'héritage aboli, il y aura encore des riches et des pauvres. L'homme qui aura rapidement fait sa fortune sera homme puissant relativement à celui qui ne l'aura pas faite, et, remarquez-le, bien que nous ayons aboli l'héritage, le fils de l'homme puissant, pendant toute la vie de son père, sera puissant lui-même, si bien que, quoique nous ayons aboli l'héritage, un privilège, même de naissance, existe encore et l'égalité n'existe pas.

Il n'y a qu'un moyen pour qu'elle existe, c'est que personne ne possède et que personne ne puisse acquérir. Le seul régime social aménagé pour que personne ne puisse posséder et pour que personne ne puisse acquérir, c'est le régime communautaire, c'est le communisme, c'est le collectivisme. Le collectivisme ce n'est rien de très extraordinaire ; le collectivisme c'est l'égalité ; et l'égalité c'est le collectivisme ou ce n'est qu'un fantôme d'égalité et une hypocrisie d'égalité. Quiconque est égalitaire convaincu et sincère et qui a réfléchi est forcé d'être collectiviste. Bonald disait très spirituellement : « Savez-vous ce que c'est qu'un déiste ? C'est un homme qui n'a pas vécu assez longtemps pour être athée. " Nous disons, nous : « Savez-vous ce que c'est qu'un démocrate anticollectiviste ? C'est un homme qui n'a pas vécu assez longtemps pour être collectiviste, ou qui a vécu longtemps sans réfléchir et sans voir ce qu'il y avait dans ses idées. "

— *Mais* le collectivisme est une chimère ; il est une utopie, il est impossible —. Certainement il est impossible en ce sens que dans le pays qui l'adopterait le ressort d'action serait brisé. Personne ne ferait d'effort pour améliorer sa situation qui ne pourrait jamais être améliorée. Le pays serait tout entier une de ces « mares stagnantes " dont a parlé un ministre contemporain. Tout le monde étant fonctionnaire, tout le monde réaliserait l'idéal du fonctionnaire ainsi défini par les Goncourt : « Le bon fonctionnaire, j'entends celui qui unit la paresse à l'exactitude ", ce qui est une définition définitive. Et ainsi constitué le pays serait conquis au bout de dix ans par un peuple voisin plus ou moins ambitieux.

Cela est certain ; mais qu'est-ce que cela prouve ? Que le collectivisme n'est impossible que parce qu'il n'est possible qu'établi dans tous les pays à la fois. Eh bien, pour qu'il soit établi dans tous les pays à la fois, il ne faut qu'une chose, c'est qu'il n'y ait plus de pays distincts, c'est qu'il n'y ait plus de patries. Il ne faut certes pas établir le collectivisme avant l'abolition des patries, puisque, ainsi établi, il ne servirait à rien qu'à constituer la supériorité des patries qui ne l'auraient pas adopté ; il faut, sériant les questions, d'abord abolir les patries, pour pouvoir ainsi établir le collectivisme.

Aussi bien, si les nations s'organisent *naturellement contre nature*, si, instinctivement, elles s'organisent d'une manière hiérarchique, c'est-à-dire aristocratique ; si elles ont des chefs et des subordonnés, des puissants et des inférieurs ; c'est qu'il faut cela dans un camp et que chacune sent qu'elle est un camp. Si chacune sent qu'elle est un camp, c'est tout simplement qu'il y en a d'autres et qu'elle sent et qu'elle sait qu'il y en a d'autres. Qu'il n'y en ait plus d'autres et elle s'organisera, non plus contre nature, mais naturellement, c'est-à-dire égalitairement, la nature n'étant pas égalitaire, peut-être, mais tendant à l'égalité en ce sens qu'elle crée beaucoup plus, infiniment plus d'égaux que de supérieurs.

Ainsi l'égalité exige l'abolition de l'héritage et l'égalité des biens ; l'égalité des biens nécessite le collectivisme et le collectivisme postule l'abolition des patries. Nous sommes égalitaires, donc collectivistes et par conséquent antipatriotes.

Ainsi raisonnent avec une logique absolue, à mon avis irréfutable, avec cette logique qui ne tient pas compte des faits et qui ne tient compte que de son principe et que d'elle-même, la plupart des instituteurs. Ainsi raisonneront ils tous demain, s'ils continuent, comme il est probable qu'ils continueront, à être de très bons dialecticiens.

Quant à *remonter* et à se dire que, si la souveraineté nationale et l'égalité mènent logiquement et impérieusement à ces conclusions, c'est peut-être que la souveraineté nationale et l'égalité sont des idées fausses et que c'est ce qui prouve qu'elles sont en effet des idées fausses ; il n'est pas très probable que telles seront leurs démarches, parce que la souveraineté populaire et l'égalité, en même temps qu'elles sont des idées générales, sont des sentiments.

Ce sont des sentiments devenus idées, comme, sans doute, toutes les idées générales ; et ce sont des sentiments très forts. La souveraineté populaire est la vérité pour celui qui y croit, parce qu'elle doit être vraie, parce qu'elle est une chose aussi majestueuse pour lui que César dans toute sa pompe pour le romain ancien et que Louis XIV dans toute sa gloire pour l'homme du XVIIe siècle.

L'égalité est la vérité pour celui qui y croit parce qu'elle doit être vraie, parce qu'elle est la justice et parce qu'il serait infâme que la justice ne fût pas la vérité. Pour le démocrate le monde monte peu à peu, depuis qu'il existe, vers la souveraineté du peuple et l'égalité, celle-ci contenant celle-là et celle-là destinée à fonder celle-ci et ayant pour mission de la fonder, et l'une et l'autre c'est la civilisation elle-même et l'une et l'autre non atteintes ou refoulées c'est la barbarie.

Donc ce sont des dogmes. Un dogme est un sentiment puissant qui a trouvé sa formule. De ces deux dogmes tout ce qu'on tire sans faute de logique est vérité, que c'est un droit et un devoir de répandre.

Ajoutez à cela que l'instituteur est poussé dans le même sens par des sentiments moins généraux ; mais qui ont leur force eux-mêmes. Il est placé dans une commune en face d'un prêtre, seul personnage, le plus souvent, qui soit comme lui, dans cet endroit, un homme un peu instruit. Rivalité, lutte d'influence. Or le prêtre, par suite de contingences historiques, est un partisan plus ou moins chaud, de la monarchie quelquefois, de l'aristocratie presque toujours. Il fait partie d'un corps qui a été un ordre de l'Etat ; il est persuadé que sa corporation est un ordre de l'Etat encore, malgré tout. Si le régime est concordataire, le régime reconnaît sa corporation comme corps de l'État puisqu'elle la traite sur le même pied que la magistrature ou l'armée. Si le régime est celui de la séparation de l'Etat et de l'Eglise sa corporation lui paraît encore plus être un ordre de l'Etat, puisque, solidement organisée et dépassant même les frontières, elle forme un personnage collectif qui, non sans péril, mais aussi non sans quelque succès, entre souvent en conflit avec l'Etat lui-même.

Comme faisant partie d'une puissance historique qui est distincte de la puissance nationale et qui n'est pas une délégation de la puissance nationale, le prêtre ne peut pas manquer d'avoir, plus ou moins, plus ou moins distinctement et consciemment, une mentalité aristocratique.

L'instituteur, son rival, s'est rejeté d'autant plus du côté des principes démocratiques et il les embrasse avec une ferveur où il entre autant de jalousie que de conviction. C'est lui surtout, plus qu'un philosophe du XVIIIe siècle, parce qu'il a un plus grand intérêt, d'animadversion et d'animosité, à le croire, qui croit que tout ce que le prêtre enseigne est invention pure d'oppresseurs ingénieux qui ont voulu brider et enchaîner le peuple, pour fonder à jamais leur domination ; et de là son ostentation d'idées philosophiques renouvelées de Diderot et d'Holbach. Il est presque invraisemblable que, pour l'instituteur, le prêtre ne soit pas un scélérat.

« L'athéisme est aristocratique ", disait Robespierre se souvenant de Rousseau. L'athéisme est démocratique, disent les instituteurs modernes. D'où vient cette différence de jugement ? De ce que le libertinage était à la mode au XVIIIe siècle chez les grands seigneurs et la croyance en Dieu unanime dans le peuple. De ce que les prêtres, de nos jours, pour les raisons que j'ai dites et par souvenir des persécutions subies par leur Eglise aux temps des premiers triomphes de la démocratie, sont *restés* aristocrates ou le sont *devenus* plus qu'ils ne l'avaient jamais été. L'athéisme est donc devenu démocratique comme arme contre des déistes qui sont généralement aristocrates.

Il s'allie du reste assez bien, quoique Robespierre en ait pu croire, avec les sentiments généraux de la basse démagogie. N'être lié par rien, n'être limité par rien dans sa souveraine puissance, voilà l'idée maîtresse du peuple ; ou plutôt que le peuple ne soit lié par rien, ne soit limité par rien dans sa puissance souveraine, voilà l'idée maitresse du démocrate. Or Dieu est une limite, Dieu est un lien. De même que le démocrate n'admet pas une constitution séculaire que le peuple ne puisse pas détruire et qui lui interdise de faire des lois mauvaises ; de même que le démocrate n'admet pas, pour prendre la terminologie d'Aristote, le gouvernement des *lois*, le gouvernement d'une législation ancienne, arrêtant le peuple et le contenant dans sa fabrication quotidienne de *décrets* ; tout de même le démocrate n'admet pas un Dieu qui a ses commandements, qui a sa législation, antérieure et supérieure à toutes les lois et à tous les décrets et qui fait limite aux velléités législatrices du peuple, à son omnipotence capricieuse, en un mot à la souveraineté du peuple.

Après Sedan on demandait à Bismarck : « Maintenant que Napoléon est tombé, à qui faites-vous la guerre ?" Il répondit : « A Louis XIV. " Le démocrate, interrogé sur son athéisme, pourrait répondre : « Je fais la guerre à Moïse. "

De là l'athéisme des démocrates, de là l'athéisme des instituteurs. De là la formule «ni Dieu ni maître ", qui pour l'anarchiste ne demande aucune correction ni supplément ; qui pour le démocrate, doit être modifiée ainsi : « Ni Dieu ni maitre, que le peuple. "

À la fin d'un de ses grands discours politiques de 1849 ou 1850, Victor Hugo disait : « ...et il n'y aura plus que deux puissances : le peuple et Dieu. " Le démocrate moderne croit savoir que, s'il y a un Dieu, la souveraineté du peuple est atteinte, s'il y croit.

Et enfin l'instituteur est confirmé dans ses sentiments démocratiques, dans tous ses sentiments démocratiques par la situation politique qu'on lui a faite en France. C'est une chose étrange, c'est une anomalie déconcertante, que les gouvernements du XIXe siècle (surtout, il faut lui rendre cette justice, le gouvernement actuel) ont très grandement respecté la liberté des professeurs de l'enseignement supérieur et de l'enseignement secondaire et n'ont point respecté le moins du monde la liberté des professeurs du peuple. Le professeur de l'enseignement supérieur, surtout depuis 1870, peut enseigner exactement tout ce qu'il veut, sauf l'immoralité et le mépris de la patrie et des lois. Il peut même discuter les lois, à la seule condition de poser en principe qu'il faut leur obéir tant qu'elles ne sont pas abrogées. La liberté de ses opinions politiques, sociales et religieuses est complète. Elle n'est entravée, quelquefois, que par les manifestations de ses étudiants. Le professeur de l'enseignement secondaire jouit d'une liberté à très peu près égale. Il n'est assujetti, et encore d'une façon très latitudinaire, qu'à un programme d'études. Sur l'esprit dans lequel il s'y meut il n'est quasi jamais inquiété. On lui fait confiance.

D'autre part, il n'est peut-être jamais venu à l'idée d'aucun gouvernement de demander des comptes au professeur de l'enseignement supérieur ou de l'enseignement secondaire sur la façon dont il vote aux élections politiques ; encore moins de le prier de faire de la propagande en faveur des candidats agréables au gouvernement.

Quand on passe de l'enseignement secondaire à l'enseignement, on voit tout changer. D'abord l'instituteur n'est pas nommé par ses chefs naturels, par le recteur ou le ministre de l'instruction publique, il est nommé par le préfet, c'est-à-dire par le ministre de l'Intérieur, c'est-à-dire par le chef politique du gouvernement. En d'autres termes cette nomination des fonctionnaires par le peuple, de quoi nous avons parlé plus haut, elle a lieu ici avec un intermédiaire de moins. C'est éminemment le ministre de l'Intérieur qui représente la volonté politique nationale à telle date. Et c'est le ministre de l'Intérieur qui, par ses préfets, nomme les instituteurs. C'est donc la volonté politique nationale qui choisit les instituteurs. Impossible de mieux leur dire, et voilà qui est bien, car il faut prévenir les gens, qu'ils sont choisis au point de vue politique et qu'ils doivent se considérer comme des agents politiques.

Et en effet ils ne sont pas autre chose ou plutôt ils sont autre chose ; mais ils sont surtout cela. Comme ils dépendent des préfets et que les préfets dépendent beaucoup des députés, ce ne sont pas les députés qui les nomment, mais ce sont les députés qui les font déplacer, qui les font avancer, qui les font disgrâcier, qui, par des déplacements multiples, peuvent les réduire à la famine, etc. Oh ! Comme, étant donnée la situation difficile et scabreuse où les met la main d'où part leur nomination, il leur faudrait au moins la garantie très relative et l'assurance, très faible du reste, mais enfin au moins cela, de l'inamovibilité ! Ils ne l'ont pas. Les professeurs de l'enseignement supérieur l'ont, qui n'en ont pas besoin ; les professeurs de l'enseignement secondaire l'ont, de fait, à très peu près ; l'instituteur ne l'a pas.

Il est donc livré aux politiciens, qui en font un agent électoral, qui comptent sur lui comme tel et qui lui pardonnent peu s'ils ont en vain compté sur lui.

Il en résulte que la plupart des instituteurs sont démagogues parce qu'ils veulent l'être et avec un entrain et une fougue admirables ; et que ceux qui ne tiendraient pas à être démagogues sont démagogues sans le vouloir ; mais parce qu'il faut qu'ils le soient.

D'autant plus, car ainsi vont les choses, que ceux qui n'auraient aucunes dispositions à l'être le deviennent. « Il n'y a pas de mercenaires dans la mêlée ", disait Augier. Jetés, même quelquefois malgré eux, dans la bataille, forcés au moins de paraître s'y mêler, ils reçoivent des coups et, dès qu'ils en ont reçu, ils sont attachés à la cause pour laquelle et au nom de laquelle ils les reçoivent. On finit toujours par avoir les opinions qu'on vous attribue et, tenu pour démagogue dès qu'il arrive dans son village, le jeune instituteur, forcé de ne pas dire le contraire et mal reçu comme tel par le parti adverse, est démagogue avec un commencement de conviction l'année suivante,

Ainsi la démocratie ne reçoit que les enseignements qui la confirment et qui la renfoncent dans ses défauts.

Elle aurait besoin de ne pas se croire toute puissante, d'avoir des scrupules sur sa toute puissance et de croire que cette toute puissance doit avoir certaines limites ; on lui enseigne sans réserve le dogme de la souveraineté populaire sans limite.

Elle aurait besoin de croire un peu que l'égalité est tellement contre nature qu'on ne peut pas corriger la nature jusqu'à établir « l'égalité réelle " entre les hommes et que le peuple qui l'aurait établie, ce qui est possible, subirait le sort des êtres qui voudraient vivre exactement à contre-pied des lois naturelles ; on lui enseigne, ce qui est vrai, du reste, que l'égalité n'existe pas si elle n'est pas complète, si elle n'est pas intégrale et qu'elle doit s'appliquer aux fortunes, aux situations sociales, aux intelligences, aux tailles et statures peut-être et faire tout pour que le nivellement absolu soit réalisé.

Elle aurait besoin, puisqu'il est bien naturel qu'on ait peu de goût pour les lourdes charges, qu'on renforçât en elle le sentiment patriotique ; on lui enseigne que le service militaire est un legs douloureux d'un passé odieux et barbare et doit disparaître avant peu aux rayons de la civilisation pacifique.

En un mot, pour parler comme Aristote, on lui verse la démocratie toute pure comme les démagogues faisaient aux Athéniens ; et où devrait être le remède, de là part l'intoxication.

Ce même Aristote a un mot spirituel et profond sur l'égalité : « *C'est dans les passions qu'il faut établir l'égalité plutôt que dans les fortunes.* " Et il ajoute : « Et cette égalité ne peut être que le fruit de l'éducation donnée par les lois. " C'est bien cela. L'éducation ne devrait tendre qu'à un but : ramener les passions à l'égalité, à *l'équanimité*, à un certain équilibre de l'âme. Il se trouve que l'éducation donnée à la démocratie moderne ne va pas tout à fait dans ce sens ; mais va tout à fait dans le sens contraire.

XII
LE RÊVE

Quels seraient donc les remèdes que l'on pourrait apporter à cette maladie moderne, le culte de l'incompétence intellectuelle, le culte de l'incompétence morale ? Quels sont, comme dit M. Fouillée, les principaux moyens d'éviter les écueils dont les démocraties sont menacées ? On pense bien que je n'en vois aucun, puisque nous avons affaire à un mal qui ne peut être guéri que par lui-même et à un mal qui se chérit.

M. Fouillée [i] propose une Chambre haute aristocratique, c'est-à-dire qui représenterait toutes les compétences du pays, étant nommée par tout ce qui dans le pays est constitué sur une compétence particulière : magistrature, armée, université, Chambres de commerce, etc.

Rien de mieux ; mais il faudrait que la démocratie y consentît et c'est précisément de ces groupements de compétence qu'elle se défie, les considérant, avec pleine raison du reste, dans un certain sens du mot, comme des aristocraties.

Il propose encore une intervention énergique de l'Etat pour restaurer la moralité publique : anti-alcoolisme, anti-jeu, anti-pornographie.

Outre que ce discours sent la réaction ; car c'est proprement le programme de « l'ordre moral " en 1873, il faut remarquer, comme du reste M. Fouillée le reconnaît lui-même, que l'Etat démocratique ne peut guère tuer ce qui le fait vivre, détruire les sources principales de ses revenus. La démocratie, des représentants authentiques de la démocratie elle-même l'ont reconnu, « n'est pas un gouvernement à bon marché"; elle a toujours été instituée avec cette espérance et en partie dans le dessein d'être un gouvernement économique et elle a toujours été ruineuse, parce qu'elle a besoin d'un plus grand nombre de partisans qu'un autre gouvernement, d'un moins grand nombre de mécontents qu'un autre gouvernement ; et que ces partisans, il faut les rémunérer d'une façon ou d'une autre et que ces mécontents il faut les désarmer en les achetant d'une manière ou d'une autre.

La démocratie, qu'elle soit ancienne ou qu'elle soit moderne, vit toujours dans la terreur d'un tyran possible et qu'elle imagine comme imminent. Contre ce tyran qui gouvernerait avec une minorité énergique, elle a besoin d'une majorité immense qu'elle doit s'assurer par des faveurs ; et à ce tyran elle doit dérober les mécontents qui seraient ses soutiens, en les désarmant par des faveurs plus grandes encore.

Elle a donc besoin de beaucoup d'argent. Elle le trouvera en dépouillant la classe riche autant que possible ; mais c'est une ressource très limitée, la classe riche étant toute petite. Elle le trouvera plus aisément, plus abondamment aussi, en exploitant les vices de tout le monde, tout le monde étant un groupe très nombreux. De là ses complaisances nécessaires pour les « cabarets ", comme dit M. Fouillée, « qu'il serait beaucoup plus dangereux pour elle de fermer que de fermer les églises ". Les besoins croissants, nul doute, comme le présage encore M. Fouillée, qu'elle ne s'attribue le monopole des maisons de débauche et des publications licencieuses, ce qui serait « faire fortune ". Et, après tout, les tolérer pour le bénéfice de quelques industriels ou se les adjuger pour en tirer bénéfice soi-même, n'est-ce pas même chose comme résultat moral ; et opération financière bien meilleure dans le second cas que dans le premier ?

M. Fouillée assure encore que la réforme doit venir « d'en haut et non pas d'en bas " ; que « d'en haut et non pas d'en bas peut venir le mouvement de régénération ".

Je ne demande pas mieux ; mais je demande comment cela pourrait se faire ? Tout, exactement, dépendant du peuple, qui, quoi, peut agir sur le peuple excepté le peuple lui-même ? Tout dépendant du peuple, par quoi peut-il être mû, excepté par une force intime ? Nous sommes, — puisque nous causons avec un philosophe, nous pouvons nous servir de ces termes,— en face d'un d'un moteur qui donne le mouvement mais qui ne le reçoit pas.

Un principe a disparu, un préjugé si vous voulez, le préjugé de la compétence ; on ne croit plus que ce soit celui qui sait une chose qui doive s'occuper de cette chose ou être choisi pour s'en occuper. Dès lors, non seulement mauvaise tractation de toutes choses ; mais impossibilité que l'on arrive par aucun biais à les bien traiter. On ne voit pas de solution.

Nietzsche avait horreur, bien entendu, de la démocratie ; seulement, comme tous les pessimistes énergiques, comme tous les pessimistes qui ne sont pas des *pococurante*, il disait de temps en temps : « Il y a des pessimistes, résignés, lâches ; de ceux-là nous ne voulons pas être " ; et, quand il n'en voulait pas être, il s'entraînait à voir la démocratie avec des yeux bienveillants.

Alors, tantôt il disait, se plaçant au point de vue esthétique : « fréquenter le peuple dont on ne peut se passer, non plus que de contempler une végétation puissante et saine " ; et quoique abominablement contradictoire avec tout ce qu'il a dit de la « bête de troupeau " et de la « bête de marécage ", cette pensée a quelque sens. Elle signifie que l'instinct est une force et que toute force, d'abord est intéressante à contempler ; ensuite doit avoir en elle une vertu d'action, un principe de vie, un ressort d'extension.

Il est possible, quoiqu'il soit vague. En somme la foule n'est puissante que de nombre et parce qu'il a été décidé que ce serait le nombre qui déciderait. C'est un expédient ; mais un expédient ne donne pas une force réelle à qui n'en a pas. La force d'action est toujours à celui qui a un dessein, qui le combine, qui le soutient, qui le prolonge et qui le poursuit. Si celui-ci est précisément éliminé et réduit à l'impuissance ou au minimum d'efficace, on ne voit pas bien ce que la foule, moins lui, aura de force d'action. Il faudrait s'expliquer davantage.

D'autres fois Nietzsche se demandait s'il ne fallait pas respecter le droit qu'après tout peut avoir la multitude à se diriger d'après un idéal — il en est de plusieurs degrés — qui est le sien ; devons-nous refuser aux masses le droit de chercher leurs vérités et de croire les avoir trouvées ; leurs croyances vitales, les croyances de leur vie à elles et de les avoir trouvées ? Les masses sont le fondement de toute humanité, les assises de toute culture. Privés d'elles, que deviendraient les maîtres ? Ils ont besoin qu'elles soient heureuses. Soyons patients ; souffrons que nos esclaves insurgés et pour un instant nos maîtres inventent des illusions qui leur soient favorables.

Plus souvent, car il est revenu plusieurs fois sur cette idée, ramené à son aristocratisme coutumier, il considérait la démocratie comme une décadence, condition de l'avènement d'un aristocratisme futur : « Une haute culture ne peut s'édifier que sur un terrain vaste, sur une médiocrité bien portante et fortement consolidée " [1887. Dix ans plus tôt il avait considéré l'esclavage comme ayant été la condition nécessaire de la haute culture de la Grèce et de Rome]. En conséquence le but unique, provisoire, mais pour longtemps encore, doit être l'amoindrissement de l'homme ; car il faut d'abord avoir une vaste fondation sur laquelle pourra s'élever la race des hommes forts. « L'amoindrissement de l'homme européen est le grand *processus* que l'on ne saurait entraver ; il faudrait plutôt l'accélérer encore. C'est la force active qui permet d'espérer l'ascension d'une race plus forte, d'une race qui posséderait en excès ces qualités mêmes qui manquent à l'espèce amoindrie, volonté, responsabilité, certitude, faculté de se fixer un but... "

Mais comment, de la médiocrité et de la médiocrité sans cesse croissante — telle que Nietzsche se la figure — de la masse, comment, par quel procédé naturel ou artificiel, une nouvelle race d'élite pourra-t-elle sortir ? Nietzsche semble se rappeler la très irrespectueuse théorie et très dénuée de piété filiale, par laquelle Renan expliquait son génie à lui : « une longue série d'aïeux obscurs ont économisé pour moi les vigueurs intellectuelles.., " et il jette sur son carnet ces « réflexions " un peu informes, d'où émane pourtant une lumière; « Il est insensé de se figurer que toute cette victoire des valeurs [les valeurs basses?] puisse être antibiologique; il faut chercher à l'expliquer par un intérêt vital pour le maintien du type « homme ", dût-il être atteint par la prépondérance des faibles et des déshérités. Peut-être, si les choses allaient d'une autre manière, l'homme n'existerait plus. — L'élévation du type est dangereuse pour la conservation de l'espèce. Pourquoi ? — *Les races fortes sont des races prodigues. Nous nous trouvons ici devant un problème d'économie.* "

On entrevoit maintenant sur quoi Nietzsche compte ou s'efforce un moment de compter ; c'est bien sur un procédé naturel ; c'est sur une sorte de *vis medicatriæ naturæ*. En s'abaissant, en s'amoindrissant,les races s'épargnent, se ménagent, s'économisent; et la quantité d'énergie, de puissance intellectuelle et de puissance morale, de *valeurs* humaines étant supposée toujours la même dans l'humanité, les races qui se traitent ainsi créent en elles-mêmes une réserve qui forcément s'incarnera un jour dans une élite ; elles créent donc en leur sein une élite qui en sortira; elles se font grosses, inconsciemment, d'une aristocratie qui jaillira d'elles pour les dominer.

Nous retrouvons toujours dans Nietzsche la théorie Schopenhauerienne du grand trompeur qui mène le genre humain par le bout du nez et qui lui fait faire, et comme agréable, ce qu'il ne ferait point s'il savait où cela le mène. Il est possible : cependant, l'économie à outrance, si elle peut mener à une réserve de forces, peut mener, peut-être plus sûrement, à l'anémie ; et d'annihiler les élites actuelles pour préparer les élites futures, je ne sais pas si c'est un jeu inspiré par le grand trompeur ; mais c'est un jeu qui paraît dangereux. Il faudrait être sûr, et qui l'est ? Que le grand trompeur n'abandonne pas ceux qui s'abandonnent.

J'ai dit, sans songer à aucune mythologie métaphysique et ne songeant qu'aux ambitieux qui nous entourent et ne songeant qu'à leur donner un bon conseil : « Le meilleur moyen d'arriver est de descendre. " — Il n'y a rien de plus philosophique, me répond Nietzsche ; c'est bien plus vrai des peuples que des individus : le meilleur moyen pour les peuples de devenir grands un jour, c'est de commencer par s'amoindrir. Je doute un peu. Il n'y a pas de raison solide pour que de la faiblesse persévéramment cultivée sorte la force. Ni la Grèce, ni Rome, ne nous donnent un exemple à l'appui et ni la démocratie républicaine d'Athènes, ni la démocratie césarienne de Rome n'ont donné naissance à une aristocratie, par économie prolongée de valeurs.

— Elles n'ont pas eu le temps.

— On peut toujours dire cela.

Mieux vaut peut-être chercher à enrayer la démocratie que d'accélérer le processus de décadence pour qu'il aboutisse à une résurrection. Tout au moins c'est ce qui se présente le plus naturellement à la pensée et ce qui ressemble le plus au devoir.

Quand je dis enrayer la démocratie on pense bien que je veux dire faire en sorte qu'elle s'enraye elle-même, puisque rien ne peut l'enrayer une fois qu'elle a pris conscience de soi. Il ne faut songer qu'à la persuader. Encore que ce soit la tentative la plus étrangement téméraire que d'essayer de lui persuader autre chose que sa confiance en elle-même, il ne faut songer qu'à la persuader, puisque tout autre effort serait encore plus vain.

Il faut lui rappeler que les régimes périssent par l'abandon et aussi par l'excès de leur principe, quoique ce soit une maxime très surannée ; qu'ils périssent par l'abandon de leur principe parce que leur principe est la raison historique de leur naissance ; et qu'ils périssent par l'excès de leur principe parce qu'il n'y a pas un principe qui soit bon tout seul et qui suffise, à lui tout seul, à la complexité de la machine sociale.

Qu'est-ce que le principe d'un gouvernement ? Ce n'est pas ce qui le fait être tel ou tel ; c'est « ce qui le fait agir ", comme dit Montesquieu ; c'est « les passions humaines qui le font mouvoir. " Or il est évident que la passion de la souveraineté, que la passion de l'égalité et que la passion de l'incompétence ne suffisent pas à donner à un gouvernement une vie complète et une vie forte.

Il faut faire à la compétence sa part ; disons mieux, il faut faire à la compétence une part ; car je ne veux pas prétendre qu'elle ait un droit, mais seulement qu'elle est une nécessité sociale. Il faut faire une part à la compétence technique, à la compétence intellectuelle, à la compétence morale, la souveraineté nationale dût-elle en être limitée, et l'égalité dût-elle en souffrir.

Un élément démocratique est essentiellement nécessaire à un peuple ; un élément aristocratique, aussi, est essentiellement nécessaire à un peuple.

Un élément démocratique est essentiellement nécessaire à un peuple, pour que le peuple ne se sente pas uniquement passif, pour qu'il sente qu'il est une partie et une partie importante du corps social, pour que ces mots :" la nation, c'est vous ; défendez-la " aient un sens ; et autrement le raisonnement des démagogues anti-patriotes serait juste : « à quoi bon se battre pour ces maîtres-ci contre ces maîtres-là, puisqu'il n'y aurait aucune différence, ces maîtres-là ayant remplacé ceux-ci ? "

Il faut un élément démocratique dans le gouvernement d'un peuple pour ceci encore qu'il est très dangereux que le peuple soit une énigme ; qu'il faut savoir ce qu'il pense, ce qu'il sent, ce qu'il souffre, ce qu'il désire, ce qu'il craint, ce qu'il espère ; et comme on ne peut le savoir que par lui, il faut qu'il ait une voix quelque part et une voix qu'on n'étouffe pas.

D'une façon ou d'une autre, par une Chambre qui soit à lui et qui ait une grande part d'autorité ; par la présence dans une Chambre unique d'un nombre considérable de représentants du peuple ; par des plébiscites institués constitutionnellement comme nécessaires pour la révision de la Constitution et pour les lois d'intérêt universel ; par la liberté de l'imprimerie et la liberté d'association et de réunion, ce qui ne serait pas suffisant mais ce qui suffirait presque ; il faut que le peuple puisse faire savoir ce qu'il souhaite et puisse peser sur les décisions du gouvernement, en un mot soit *entendu* et soit *écouté*.

Mais il faut un élément aristocratique dans une nation et dans le gouvernement d'une nation, pour que ce qu'elle a de précis ne soit pas étouffé par ce qu'elle a de confus ; pour que ce qu'elle a d'exact ne soit pas obscurci par ce qu'elle a de vague et pour que ce qu'elle a de volonté ne soit pas brouillé par ce qu'elle a de velléités capricieuses ou incohérentes.

Cette aristocratie, quelquefois l'histoire la fait elle-même et dans ce cas elle n'est pas mauvaise, ayant, caste plus ou moins fermée, des traditions, et les traditions, plus que les lois, conservatrices des lois du reste, étant ce qu'il y a de plus vivant, de plus vivace et de plus fécond dans l'âme d'un peuple. Quelquefois l'histoire ne la fait pas, ou, celle que l'histoire a faite ayant disparu, il n'y en a plus ; c'est alors que le peuple doit en tirer une de lui-même ; et c'est alors que le respect des services rendus, le respect des services rendus même par les ascendants de l'homme à distinguer et à choisir, le respect des compétences selon la fonction à donner à un homme, le respect, quelle que soit la fonction à donner, de la valeur morale de l'homme à choisir, sont des qualités que la démocratie doit se donner et doit savoir conserver.

Ces qualités sont son aptitude acquise à prendre part au gouvernement ; ces qualités sont son adaptation au milieu social, à la machine sociale et à l'organisation sociale. On peut dire que c'est par ces qualités *qu'elle entre dans l'organisme dont elle est la matière*. Comme dit très bien Stuart Mill, « on ne peut pas avoir une démocratie *habile*, si la démocratie ne consent pas à ce que la besogne qui demande de l'habileté soit faite par ceux qui en ont. "

Donc ce qu'il faut, ce qu'il faudra toujours, même en régime socialiste, où, comme je l'ai montré, l'aristocratie existera encore, mais, seulement, sera plus nombreuse ; ce qu'il faut, ce qu'il faudra toujours, c'est un mélange de démocratie et d'aristocratie ; et, quoiqu'il soit bien vieux, mais parce qu'il avait examiné, et en naturaliste, cent cinquante constitutions différentes, c'est toujours Aristote qui aura raison.

Il est aristocrate, nettement, on l'a vu, mais ses conclusions dernières, soit qu'il parle de Lacédémone, encore qu'il ne l'aime pas, soit qu'il parle de Carthage, soit qu'il parle d'une façon générale, sont bien que les meilleures constitutions sont encore les constitutions mixtes. « Cependant il y aurait une manière d'avoir la démocratie et l'aristocratie ; ce serait de faire en sorte que les citoyens distingués et la multitude eussent de chaque côté ce qu'ils peuvent désirer. Le droit pour tous d'arriver aux magistratures est un principe démocratique ; n'admettre aux magistratures que les citoyens distingués est un principe aristocratique. "

C'est ce mélange de démocratie et d'aristocratie qui fait une bonne constitution. Mais il ne faut pas que cette constitution mixte soit une simple juxtaposition, ce qui ne ferait que mettre en contact des éléments hostiles. J'ai dit « mélange " et j'aurais dû dire « combinaison ". Il faut que, dans le maniement des affaires, aristocratie et démocratie soient combinées.

Comment ? Il y a quelque temps que je le dis et je ne demande que d'avoir quelque temps encore pour le répéter. Un peuple sain est celui où l'aristocratie est démophile et où le peuple est aristocrate. Tout peuple où l'aristocratie est aristocrate et où le peuple est démocrate est un peuple qui est destiné à périr promptement, parce qu'il ne sait pas ce que c'est qu'un peuple, mais ne va pas plus loin qu'à savoir ce que c'est qu'une classe et peut-être ne va pas même jusque-là.

Montesquieu admire beaucoup les Athéniens et les Romains pour la raison suivante : « On sait qu'à Rome, quoique le peuple se fût donné le droit d'élever aux charges les plébéiens, il ne pouvait se résoudre à les élire ; et quoique à Athènes on pût, par la loi d'Aristide, tirer les magistrats de toutes les classes, il n'arriva jamais, dit Xénophon, que le bas peuple demandât celles qui pouvaient intéresser son salut et sa gloire. " Les deux faits sont exacts ; seulement celui qui concerne Athènes ne signifie rien, parce qu'à Athènes tout, exactement, se décidait par plébiscite et que par conséquent les véritables magistrats d'Athènes étaient les orateurs en qui le peuple avait confiance, qui entraînaient ses décisions et qui réellement administraient la cité. À Rome le même fait est de toute importance parce que c'étaient bien les magistrats élus qui gouvernaient.

La Rome républicaine fut bien un pays à gouvernement aristocratique, mais qui avait un élément démocratique ; et cet élément démocratique, jusqu'aux guerres civiles, fut profondément aristocrate ; de même que l'aristocratie, toujours ouverte, du reste, à l'accession du plébéianisme, était profondément démophile.

L'institution de la clientèle, à quelque dégénérescence qu'elle dût aboutir, est un phénomène à peu près unique je crois, qui montre à quel point les deux classes sentaient la nécessité sociale, la nécessité patriotique de s'appuyer l'une sur l'autre et d'être comme enracinées l'une dans l'autre.

Le peuple où la plèbe est aristocrate et l'aristocratie démophile est le peuple sain, Rome a réussi dans le monde parce qu'elle a eu pendant cinq cents ans la santé sociale.

Le peuple aristocrate et l'aristocratie démophile, j'ai cru longtemps que cette formule était de moi. Je viens de m'apercevoir, ce qui du reste ne m'a nullement étonné, qu'elle est d'Aristote encore : « Voici le serment que les oligarques prêtent maintenant dans quelques cités : « Je jure d'être toujours ennemi du peuple et de ne jamais conseiller que ce que je saurai lui être nuisible. " C'est tout le contraire qu'il faudrait au moins affecter de dire et faire entendre... C'est une faute politique qui se commet dans les oligarchies et aussi dans les démocraties ; et là où la multitude est maîtresse des lois, ce sont les démagogues qui la commettent. En combattant contre les riches ils divisent toujours l'Etat en deux partis opposés. *Il faut, au contraire, dans les démocraties avoir l'air de parler pour les riches et dans les oligarchies il faut que les oligarques semblent parler en faveur du peuple.* "

C'est un conseil machiavélique. Aristote paraît persuadé que les démocrates ne peuvent que *paraître* parler pour les riches et que tout ce qu'on peut demander aux oligarques c'est de *sembler* parler en faveur du peuple. Mais encore il comprend bien que pour la paix et le bien de la cité telles doivent être les attitudes.

Il y a plus ; il y a plus profond. Les aristocrates doivent non seulement paraître, mais *être* démophiles s'ils comprennent les intérêts de l'aristocratie elle-même, qui doit avoir une base ; les démocrates doivent non seulement paraître, mais être aristocrates s'ils comprennent les intérêts de la démocratie qui doit avoir un guide.

Cette réciprocité de bons offices, cette réciprocité de dévouement et cette combinaison d'efforts sont nécessaires dans les républiques modernes autant que dans les républiques anciennes. Ce n'est pas autre chose que la synergie sociale. La synergie sociale doit être aussi forte que la synergie familiale. Toute famille divisée périra, tout royaume divisé périra.

J'ai peu parlé de la royauté qui n'entrait qu'indirectement dans mon sujet. Si l'on a vu des royautés si fortes, c'est que le sentiment royaliste éprouvé en commun par l'aristocratie et par le peuple réalisait cette synergie sociale dont nous parlons ; c'est qu'être dévoué tous les deux à quelqu'un se ramène à être très dévoués l'un à l'autre par la convergence des volontés. « *Eadem velle, eadem nolle amicitia est.* "

Il n'est pas besoin pour cela de la royauté. La royauté c'est la patrie vue dans un homme. À voir la patrie en elle-même on peut et l'on doit aboutir à la même synergie, à la même communauté et convergence des volontés. Il faut que les petits aiment la patrie dans les grands et que les grands aiment la patrie dans les petits ; et que par suite les uns et les autres veuillent les mêmes choses, repoussent les mêmes choses. *Amiçitia sit!*

NOTES

[i] Revue des Deux Mondes du 15 novembre 1909.

Table des matières

PRINCIPES DES RÉGIMES	5
CONFUSION DES FONCTIONS	21
REFUGES DE LA COMPÉTENCE	34
LE LÉGISLATEUR COMPÉTENT	39
LES LOIS EN DÉMOCRATIE	50
INCOMPÉTENCE GOUVERNEMENTALE	56
INCOMPÉTENCE JUDICIAIRE	59
AUTRES INCOMPÉTENCES	77
MOEURS GÉNÉRALES	99
LES HABITUDES PROFESSIONNELLES	103
REMÈDES TENTÉS	109
LE RÊVE	135
[i]	148